中国轻工业“十四五”规划教材

家居配饰设计

胡显宁　王欣迪　主　编
牟学斌　薛　超　副主编
李伟栋　尹满新　刘晓健　杨　奕　参　编

中国轻工业出版社

图书在版编目（CIP）数据

家居配饰设计 / 胡显宁，王欣迪主编. -- 北京 ：中国轻工业出版社，2025. 9. -- ISBN 978-7-5184-5554-6

Ⅰ. TU241

中国国家版本馆CIP数据核字第2025YL5949号

责任编辑：王　宁　　责任终审：李建华　　设计制作：梧桐影
策划编辑：陈　萍　　责任校对：吴大朋　　责任监印：张　可

出版发行：中国轻工业出版社（北京鲁谷东街 5 号，邮编：100040）
印　　刷：天津裕同印刷有限公司
经　　销：各地新华书店
版　　次：2025年9月第1版第1次印刷
开　　本：787×1092　1/16　印张：12.5
字　　数：300千字
书　　号：ISBN 978-7-5184-5554-6　定价：59.80元
邮购电话：010-85119873
发行电话：010-85119832　　010-85119912
网　　址：http://www.chlip.com.cn
Email: club@chlip.com.cn

231555J2X101ZBW

前言

党的二十大报告指出："增进民生福祉，提高人民生活品质。"本教材是高等职业院校室内艺术设计专业的一本专业课教材，旨在帮助学生认识到家居配饰设计对于提高人民生活品质的重要性；培养学生以人民为中心的设计观，以解决人民群众在居家生活中的实际问题为导向；引导学生在家居配饰设计中关注人民群众的实际需求和生活体验，既要追求设计的美观性，又要注重设计的功能性和实用性。

本教材按照家居配饰设计师岗位的工作内容和技能需求，对家居配饰设计进行全方位的讲解，为"家居配饰设计"课程的教学提供理论基础与实践经验。教材共设置六个项目，包括：项目一家居配饰设计基础、项目二家居配饰色彩搭配、项目三家居配饰材质应用、项目四家居配饰与室内设计风格、项目五家居配饰陈设设计、项目六家居配饰设计方案制作。每个项目下设多个任务，主要项目后加入技能训练模块。

本教材融入大量思政元素，比如：从绿色环保家居材料的选择上，培养学生树立绿色、低碳、可持续发展理念；从新中式风格设计的讲解，弘扬中华传统文化，增强学生文化自信等。

本教材的编写人员有高等职业院校教学名师、教授、"双师型"教师等，具有丰富的职业教育教学经验、严谨的治学态度和高度的责任心。同时，众多企业专家对教材的编写提出了宝贵的建议。本教材由辽宁生态工程职业学院胡显宁、王欣迪任主编，牟学斌、薛超任副主编，李伟栋、尹满新、刘晓健、杨奕参编。胡显宁编写项目五和项目六任务三；王欣迪编写项目三任务一、任务二，项目四，项目六任务二；牟学斌编写项目二、项目三任务三、项目六任务一；薛超、李伟栋、尹满新、刘晓健、杨奕编写项目一及项目二和项目三的技能训练。本教材的编写得到了酷家乐教育事业部总经理闫凤博、沈阳林凤家居装饰有限公司董事长丁邦林以及相关专家和技术人员的支持与帮助，在此表示衷心的感谢。

由于编者水平有限，书中难免存在不足之处，敬请广大读者批评指正。

胡显宁

2025年3月

目录

项目四 家居配饰与室内设计风格

项目五 家居配饰陈设设计

项目六 家居配饰设计方案制作

项目一

家居配饰设计基础

学习目标

知识目标

1. 了解家居配饰设计的概念、特点和作用。
2. 了解家居配饰的主要类型，掌握家居配饰的基本特征和应用场景。
3. 掌握家居配饰陈设原则。

技能目标

1. 能够运用家居配饰陈设原则进行初步搭配。
2. 能够叙述家居配饰设计工作流程。

素质目标

1. 通过学习家居配饰陈设原则，认识到家居配饰设计对于提高人民生活品质的重要性，培养以人民为中心的设计观。
2. 通过学习家居配饰设计工作流程，培养诚信友善、爱岗敬业的价值观。

任务一　了解家居配饰设计

一、家居配饰设计的概念

家居配饰设计，又称软装饰设计，它是指在室内空间中运用各种可移动和可更换的物品进行装饰和点缀，以提升美感和舒适度。软装饰设计与硬装修设计的区别如图1-1所示。这些配饰包括家具、灯具、窗帘、地毯、艺术品、绿植、花艺等，它们不仅能够反映主人的个性和品位，还能创造出不同的空间氛围。

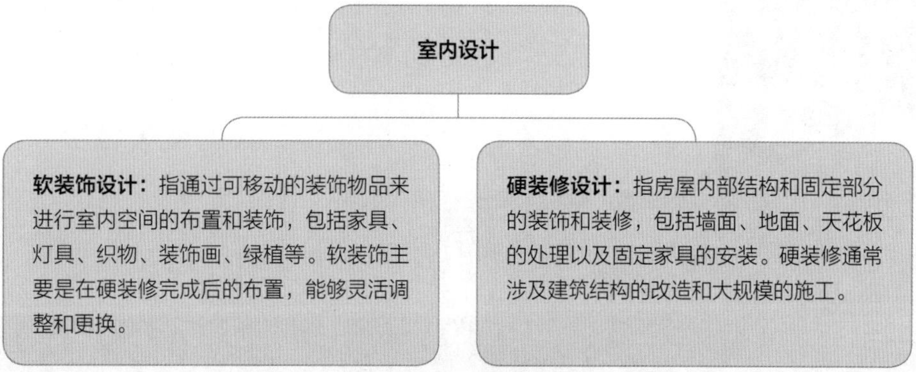

图1-1　软装饰设计与硬装修设计的区别

二、家居配饰设计的特点

家居配饰设计以其灵活性、装饰性、功能性、个性化、经济性、环保性等特点，成为现代家居空间设计中不可或缺的重要部分。

1. 灵活性

家居配饰相对于固定的硬装饰（如墙壁、地板、天花板等）更具灵活性，可以根据季节、心情或流行趋势进行更换和调整。通过不同配饰的组合和重新排列，能够不断变换空间的风格和氛围，保持新鲜感。

2. 装饰性

家居配饰可以通过色彩、形状、材质等元素的组合，有效改善空间的单调性与冷硬感，将家居空间转化为承载生活态度的艺术场所，使室内环境更加美观和吸引人。相较于硬装饰来说，家居配饰更具美化空间的效果。

3. 功能性

家居配饰不仅具有美学价值，还具有实用功能。例如，灯具提供照明，窗帘可以遮光和保护隐私，地毯可以减少噪声和增加脚感舒适度。通过合理的配饰设计，还可以优化空间的使用和动线，提高生活的便利性和舒适度。

4. 个性化

家居配饰设计通过选择独特的装饰物品，能够充分展示居住者的个性和品位。家居配饰设计还可以融入特定的文化元素和艺术风格，通过选择不同的家居配饰，表达居住者的文化背景和艺术审美。

5. 经济性

相对于硬装饰的装修，家居配饰的调整和更换成本较低，更具经济性。通过小成本的配饰调整，可以达到显著的视觉和功能提升效果，性价比较高。

6. 环保性

现代家居配饰设计越来越注重环保，采用具有可持续性的材料，如天然纤维、再生材料等，减少对环境的影响。通过合理选择和搭配，可以减少不必要的资源浪费和碳排放，推动绿色家居生活。

三、家居配饰设计的作用

家居配饰设计在室内设计中起着至关重要的作用，它不仅提升空间的美学效果，还增强居住环境的舒适性和功能性。通过精心的配饰设计，可以营造独特且宜人的居住环境，满足居住者的各种需求，提升整体生活品质。在现代家居空间设计中，家居配饰设计的作用和价值越来越受到重视，成为实现理想居住环境的重要途径。

1. 美化空间

通过精心选择和搭配，家居配饰能够显著提升室内空间的美学效果，使室内空间更加美观和吸引人，营造和谐美观的环境。利用不同材质、颜色和形状的配饰，丰富空间的视觉层次，使空间更具立体感和深度。

2. 强调风格

家居配饰设计能够有效统一空间的设计风格，使家居空间更具个性化和独特性。无论是现代、古典、简约还是田园风格，都可以通过配饰来强化和体现。

3. 改善功能

不同的家居配饰，可以明确空间的功能分区。合理选择和布置家居配饰，可以提高空间的实用性。如通过地毯划分出客厅的休闲区和用餐区，并增加脚感舒适度；通过合适的灯具设计改善照明条件等。

4. 营造氛围

不同的家居配饰能够营造不同的氛围。家居配饰可以通过颜色、材质和光线的搭配，营造温馨、宁静、活力或浪漫等不同的情感氛围；通过灯光和颜色的搭配，可以营造温馨的居家氛围或现代简约风格，满足居住者的心理需求。同时，通过更换不同的配饰，如靠垫、地毯和装饰画等，可以适应季节的变化，保持室内空间的新鲜感。

5. 提升舒适度

柔软的织物、适宜的灯光和温暖的色调等配饰元素，能够显著提升居住环境的舒适度，使居住者感到放松和愉悦，如地毯、靠垫、窗帘等能够增加室内的舒适度和温馨感。窗帘和屏风等配饰不仅美观，还能有效保护居住者的隐私，提升居住安全感。

6. 调整空间比例

通过巧妙的配饰设计，可以调整和改善室内空间的比例。例如，利用镜子扩大空间感，利用垂直装饰物提升空间高度感。在室内空间的空白区域，通过适当的装饰品和家具布置，填补视觉上的空旷感，达到平衡和和谐。

四、家居配饰分类

在家居配饰设计中，可以将配饰元素分为功能性家居配饰和装饰性家居配饰。这两者在家居空间设计中各有其独特的作用：前者注重实用性和功能性，主要提升居住的便利性和舒适性；后者则注重美观和装饰效果，主要提升空间的艺术性和氛围感。通过合理搭配和组合这两类配饰元素，可以打造出既美观又实用的理想居住空间。

（一）功能性家居配饰

功能性家居配饰主要指具备实际用途的家居用品和装饰品，常见的功能性家居配饰如下。

1. 家具

(1) **沙发。**沙发是客厅的主要家具，用于休息和接待客人，是客厅空间最重要的功能性家居配饰，如图1-2所示。

图1-2 沙发

(2) **茶几。**茶几通常放置在沙发前，用于放置茶具、书籍等。

(3) **书桌和书架。**书桌和书架用在书房或学习区，用于工作和储物。

(4) **衣柜和储物柜。**衣柜和储物柜用于存放衣物或生活用品，保持卧室整洁。

(5) **床。**床用于卧室空间中提供睡眠功能，有时为了节省空间，会选择使用功能性较强的沙发床。

2. 灯具

(1) **吊灯。**吊灯用于整体照明，通常安装在客厅、餐厅或卧室。如图1-3所示，餐桌上方用于局部照明的吊灯，是功能性的灯具配饰。

图1-3 吊灯

(2) **台灯。**台灯用于局部照明，常放置在书桌、床头柜旁。

(3) **落地灯。**落地灯用于辅助照明和装饰，常见于客厅和书房。

(4) **壁灯。**壁灯用于装饰和照明，安装在墙面上。

3. 织物

(1) **窗帘。**窗帘用于遮光和保护隐私，还具有装饰作用。如图1-4所示，粉绿色的窗帘不仅起到调节空间整体色调的作用，还起到很好的遮挡光线的作用，是功能性布艺配饰。

(2) **地毯。**地毯增加地面的舒适度，起到隔音和保暖作用。

(3) **床上用品。**床上用品如床单、被套、枕套等，直接影响睡眠质量。

图1-4 窗帘

4. 收纳用品

(1) **柜体。**柜体用于存放家居空间日常生活用品，或辅助餐厨、办公等空间使用，增加收纳功能，保持区域整洁。如图1-5所示，收纳柜在空间中起到收纳作用，是家居空间中很重要的配饰。

(2) **储物箱和篮子。**储物箱和篮子用于存放小物品，保持空间整洁。

(3) **挂钩和置物架。**挂钩和置物架用于悬挂和存放物品，增加储物空间。

图1-5 收纳柜

5. 镜子

(1) **全身镜。**全身镜用在卧室或衣帽间中，方便穿衣打扮。

(2) **装饰镜。**装饰镜用在玄关或客厅中，增加空间感和装饰效果。如图1-6所示，使用装饰镜制作的柜门不仅可以起到穿衣整理的使用功能，也可以对空间起到扩大、明亮的效果。

图1-6 装饰镜

（二）装饰性家居配饰

装饰性家居配饰主要指以美化空间为目的的装饰品和艺术品。常见的装饰性家居配饰如下。

1. 装饰画和相框

(1) **装饰画。**装饰画挂在墙上，可以增加艺术气息和美观度。如图1–7所示，浅绿色的装饰画为空间增加了自由与生命力的视觉感受。

(2) **相框。**相框用于展示家庭照片或艺术作品，增加个性化色彩。

2. 装饰品

(1) **雕塑和摆件。**雕塑和摆件主要指小型或中型雕塑，可以提升空间的艺术感。

(2) **花瓶和摆件。**花瓶和摆件用于插花或单独作为装饰品。如图1–8所示，夸张的花瓶造型活跃了家居空间的气氛。

3. 绿植和花艺

(1) **绿植。**绿植可以增加自然气息，改善室内空气质量。如图1–9所示，乔木耸立在天井内的平静水池中，在流水声和绿意的衬托下，纯净的空间显得愈发静谧。

(2) **花艺。**花艺用于美化空间，易于维护。

图1–7 装饰画

图1–8 花瓶和摆件

图1–9 绿植

4. 装饰织物

(1) **毛毯和抱枕。**毛毯和抱枕用于装饰沙发或床，增加舒适感和视觉效果。如图1–10所示，针织的毛毯和抱枕增强了卧室空间的舒适性，给人随性、放松的感觉。

(2) **桌布和餐垫。**桌布和餐垫用于装饰餐桌，保护桌面。

图1–10　毛毯和抱枕

5. 装饰灯具

(1) **蜡烛和香薰灯。**蜡烛和香薰灯可以增加氛围和香气，提升空间的温馨感。

(2) **装饰灯。**装饰灯用于节日或特定场合，可以增加欢乐氛围。如图1–11所示，纸质的不规则灯具展现自由、古朴的氛围。

（三）家居配饰的组合应用

在实际的家居空间设计中，功能性家居配饰和装饰性家居配饰常常相互结合，以达到既美观又实用的效果。例如在客厅中，可以选择一款既美观又实用的吊灯，搭配舒适的沙发和装饰靠垫，再加上一些装饰画和绿植，营造温馨的居住环境。如图1–12所示的客厅空间，蓝色沙发与黄色靠垫形成色彩对比，几何地毯和抽象画作增加视觉层次，金属茶几和摆件增加现代感，自带的储物功能实用且美观。在卧室中，可以选择柔软的床上用品，搭配功能性强的衣柜和床头灯，同时添加一些个性化的装饰品和照片相框，打造舒适的休息空间。如图1–13所示的卧室空间，蓝灰色床上用品与原木色床架形成温暖舒适的感觉，装

图1–11　装饰灯

图1–12　客厅中功能性和装饰性家居配饰的组合

图1–13　卧室中功能性和装饰性家居配饰的组合

饰画和小摆件增加轻松的艺术感。在书房中，可以选择实用的书桌和书架，搭配合适的台灯和地毯，同时摆放一些装饰性的书籍和工艺品，提升工作和学习的氛围。如图1-14所示的书房空间，书架与装饰画、工艺品的搭配，营造了空间收纳的功能性和烘托氛围的装饰性。

图1-14　书房中功能性和装饰性家居配饰的组合

五、家居配饰陈设原则

1. 多样统一原则

在进行家居配饰陈设时，要确保配饰元素围绕一个统一的主题进行选择和布置。主题可以是某种风格，也可以是某种色彩或季节性的主题，这有助于形成一个和谐统一的整体空间效果。如图1-15所示，纯度不同的蓝色既具有统一性，又不乏变化。

2. 三角形构图法

三角形构图法是经典的构图法，应用在构图的方方面面。家居配饰元素摆放讲究构图的完整性，要有主次感、层次感、韵律感，同时注意与大环境的融洽。三角形构图法是在三个点上摆放装饰品，形成一个稳定的三角形，具有安定、均衡但不失灵活的特点，是最为常见和效果最好的一种家居配饰装饰品摆放构图方法。如图1-16所示，装饰画与几个饰品之间形成高低的落差，并呈三角形的形式展示。

图1-15　色彩的多样与统一

3. 色彩协调法

色彩在家居配饰陈设中起着至关重要的作用。配饰的色彩应与整体空间的色调相协调，保持视觉上的和谐。通常选择1种主色调，再搭配2～3种辅助色，最后用点缀色来增加层次感。如图1-17所示的空间，墙面、家具、地板使用相协调的颜色，餐椅的色彩在空间中起到点缀和活跃气氛的作用，整个空间看起来统一而有层次。

图1-16　三角形构图摆放

图1-17　色调一致性

4. 质感对比法

通过不同材质和质感的对比，可以增加空间的层次和丰富感。例如，将光滑的金属与柔软的布艺相结合，或将粗糙的天然石材与精致的玻璃相搭配。质感对比不仅能增加视觉趣味，还能提升空间的触感体验。如图1-18所示，粗糙的混凝土材质和垂顺的布料，构成居室中原始与柔和的冲突感。

5. 对比与调和法

可以通过光线的明暗对比、色彩的冷暖对比、材料的质地对比、传统与现代的设计对比等手法使家居环境产生更多层次；调和则是将对比双方进行缓冲与融合的一种有效手段，例如暖色调的运用和柔和布艺的搭配。如图1-19所示，蓝色与粉色的对比，展现空间独特的个性，构成强烈的视觉冲击感。

图1-18　粗糙与柔和的材质对比

图1-19　色彩的对比

6. 焦点布置法

在家居空间设计中，通常注意范围一定会有一个中心点，这样才能营造主次分明的层次美感，这个视觉中心就是布置上的重点，可打破全局的单调感。但视觉中心有一个即可，其他配饰应围绕这个焦点进行布置，突出主题，吸引目光。如图1-20所示，床头放置一盏造型独特的灯具，无须再增添其他视觉中心，否则容易喧宾夺主。

图1-20 床头灯作为卧室焦点

7. 均衡对称法

在布置配饰时，可以运用对称原则来达到视觉上的平衡。例如，两边摆放相同的灯具或花瓶，能给人以稳定和谐的感觉。对称布置适用于传统风格以及希望营造庄重感的空间。通过对称、均衡协调的手法将软装元素进行布置，可展现出和谐的美感，比如饰品的排序由高到低，避免视觉上的不协调。如果在台面的饰品较多，可以用近小远大的视觉法则，将饰品前小后大摆放，这样层次就很分明且美观了。如图1-21所示，餐厅空间的对称布局提升了空间稳定安静的秩序感。

图1-21 餐厅空间的对称布局

8. 亮色点睛法

如果整个空间的色彩色调比较干净素雅或者极简单调，那么软装就可以挑选一些亮色作为点缀，以提亮空间，让空间达到色彩的平衡。不需要太多亮色，很小一部分亮色即可起到点睛的作用。如图1-22所示，红、黄、蓝三色的搭配营造了舒适而精致的氛围。

图1-22 红、黄、蓝三色点睛搭配

任务二　家居配饰设计工作流程

根据家居配饰设计的工作性质，可将设计工作流程分为8个步骤，如图1-23所示。

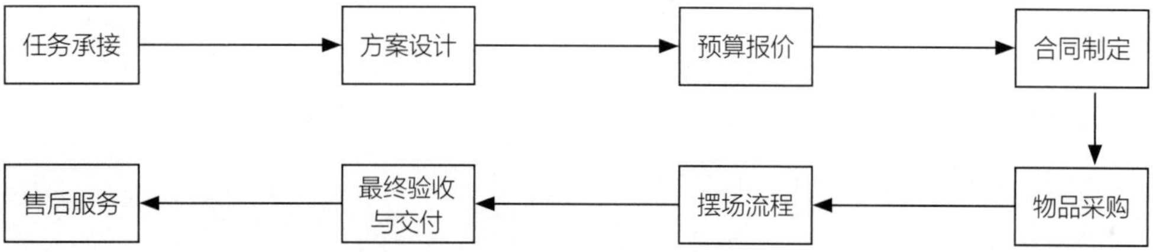

图1-23　家居配饰设计工作流程

一、任务承接

1. 客户需求确认

与客户沟通，了解其需求、喜好、预算等方面的要求。

2. 确定任务范围

了解空间的尺寸、结构和特点，明确工作内容、时间节点和服务费用等信息，与客户达成共识。

二、方案设计

1. 空间规划

对客户的空间进行勘测和分析，确定设计方案的基本框架。

2. 风格确定

根据客户需求和空间特点确定设计的风格和主题。

3. 配饰选择

选择符合设计风格和客户需求的家居配饰，制定详细的配饰清单，包括具体物品名称、规格、数量等。

4. 布局设计

对配饰进行布局设计，考虑空间比例、功能需求和美观度。

三、预算报价

1. 物料清单

根据设计方案确定所需的家居配饰物品清单。

2. 价格调研

对所需物品进行价格调研，了解市场价格和供应商信息。编制预算报价单，包括物品价格、运输费用、安装费用等。

3. 预算编制

根据物料清单和价格调研结果编制预算报价单，包括物品价格、运输费用、安装费用等。

四、合同制定

1. 客户确认

向客户提供预算报价单，确保客户对价格和物品清单无异议。

2. 合同签订

与客户签订正式的合同，明确双方责任、权利和交付日期等细则。确定付款方式和时间节点，收取定金或预付款。

五、物品采购

1. 供应商选择

根据设计方案和配饰清单，选择可靠的供应商进行家居配饰物品的采购。

2. 下单购买

根据合同和预算报价单向供应商下单购买所需物品，跟进物品生产制作进度。

3. 物品验收

对所购物品进行验收，确保数量、质量和规格与合同一致。

六、摆场流程

1. 配饰摆放

按照设计方案进行家居配饰的摆放，注意布局和比例的协调，确保整体效果符合预期。

2. 装饰修饰

根据需要对配饰进行调整和装饰修饰，注重细节和装饰品的搭配，确保整体效果符合预期。

七、最终验收与交付

1. 完成验收

与客户进行最终的验收，确保客户满意度。

2. 完成交付

完成所有交付物品的安装和布置，整理好现场。

八、售后服务

提供售后服务，解决客户在使用过程中遇到的问题。对设计方案和配饰效果进行跟踪和评估，收集客户反馈，为今后的工作提供参考。

项目二

家居配饰色彩搭配

学习目标

知识目标

1. 了解色彩的属性、应用以及家居空间的色彩构成。
2. 掌握家居空间色彩搭配原则。
3. 掌握不同色彩对情绪和心理的影响。

技能目标

1. 能够根据不同的家居空间功能和风格，运用色彩搭配原则进行配饰设计。
2. 能够制定和实施家居空间的色彩搭配方案。
3. 能够通过色彩设计塑造特定的空间印象和氛围。

素质目标

1. 通过学习色彩搭配，理解中华传统文化中的色彩象征和美学价值，增强对传统文化的认同感和自豪感。
2. 通过创新色彩搭配设计，培养创新精神。

任务一　了解色彩

一、色彩的属性

1. 色相

色相是指色彩的相貌，在色彩的三种属性中，色相被用来区分颜色。根据光的不同频率，色彩具有红色、黄色或绿色等性质，这就是色相。黑白没有色相，为中性。

色相环是指一种环形排列的色相光谱，用于了解色彩之间的关系，如图2-1所示。色彩是按照光谱在自然中出现的顺序来排列的。暖色位于包含红色和黄色的半圆之内，冷色则包含在绿色和紫色之间的半圆内，互补色出现在彼此相对的位置上。

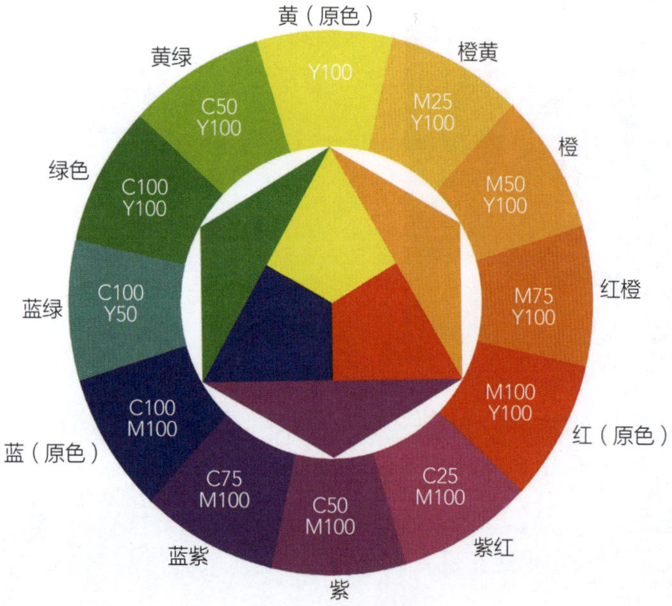

图2-1　12色色相环

2. 明度

色彩的明度又称为色彩的亮度，是指色彩的明亮程度。颜色有深浅、明暗的变化，比如深黄、中黄、淡黄、柠檬黄等黄色在明度上就不一样。各种有色物体由于它们反射光量的区别而产生颜色的明暗强弱。在所有颜色中，白色明度最高，黑色明度最低。

从明度上来说，色彩可分为高明度色彩、中明度色彩和低明度色彩。高明度色彩给人的感觉是明亮、轻快、活泼、优雅、纯洁；中明度色彩给人的感觉是朴素、庄重、安静、刻苦、平凡；低明度色彩因全部含有黑色，具有相同的色调，色彩间容易得到调和的效果，给人的感觉是深沉、厚重、稳定、刚毅、神秘。色彩明度的变化如图2-2所示，数字1处明度最高，渐变到数字4处明度最低。

图2-2　色彩明度的变化

在居室空间中，明度不同所表现的色彩情感也是不同的。高明度的色彩组合给人明快、醒目的视觉效果，如图2-3所示；低明度的色彩组合则让人感觉沉稳、厚重，如图2-4所示。

图2-3　高明度的色彩组合

图2-4　低明度的色彩组合

3. 纯度

纯度通常指色彩的鲜艳度，又称为饱和度。人眼能辨别的具有单色光特征的色，都具有一定的鲜艳度。色彩纯度是指原色在色彩中所占据的百分比。纯度最高的色彩就是原色，随着纯度的降低，色彩就会变得暗淡。纯度降到最低就是失去色相，变为无彩色，也就是黑色、白色和灰色。色彩纯度由高到低的变化如图2-5所示。

图2-5　色彩纯度的变化

低纯度色彩的配饰使人感觉节制、放松，如图2-6所示的沙发给人安稳感；高纯度色彩的配饰给人的视觉感是积极、兴奋，如图2-7所示的椅子给人活泼跳跃的冲击感。

在居室空间中，高纯度的色彩搭配方式会给人活力、张扬的视觉效果，如图2-8所示为高纯度的色彩空间；低纯度的色彩搭配方式整体色调较柔和，给人舒缓、平和的感觉，如图2-9所示为低纯度的色彩空间。

图2-6　低纯度色彩的配饰

图2-7　高纯度色彩的配饰

图2-8　高纯度的色彩空间

图2-9　低纯度的色彩空间

二、色彩的应用

在室内空间中，人们经常用色彩表达视觉效果，向观者传达不同的心理感受。每个人都有喜欢的色彩，在家居配饰设计中，能够适当地进行色彩的选择是十分重要的。设计师需要详尽地了解每一种色彩背后的含义，感受不同的色彩对空间的影响。

1. 红色

红色是三原色和心理原色之一，具有极强的视觉冲击力。常见的红色有正红、朱红、深红、桃红、紫红等。红色的色彩联想如图2-10所示。

图2-10　红色的色彩联想

红色在可见光谱中光波最长，所以是最为醒目的色彩。红色在不同国家、不同场合代表的意义不尽相同，如在中国，红色代表喜庆、繁荣、昌盛，在重大节日庆典和婚礼上都会选择红色进行装饰，但是在一些特定的场合，红色也会代表警示、危险、禁止等含义。

红色明媚艳丽，可呈现喜悦、热情的氛围，常在中式空间中进行搭配。但大面积的红色会让人感到压抑、窒息，有头晕目眩的感觉，即使是婚房也不能长时间处于红色的主色调中。在搭配时，建议可以在小体量的配饰上使用红色进行点缀，如图2-11所示，小面积红色的点缀为空间增添富贵与喜庆的氛围；也可将红色与金色或黑色搭配使用，以达到平衡的效果，如图2-12所示，红色和黑色的搭配给人热情与稳重完美融合的视觉感受。

图2-11 红色作为点缀

图2-12 红色和黑色搭配

2. 粉色

粉色通常指粉红色，在水粉中用红色和白色合成。粉色也可认为是淡红色，更准确地来说是不饱和的亮红色。粉色常被认为是女性专属的颜色，获得许多女性的喜爱。常见的粉色有浅粉、桃粉、肉桂粉、藕粉、皮粉、玫粉、水粉等。粉色的色彩联想如图2-13所示。

粉色通常象征着温馨、娇嫩、柔美等感受，通常被作为正面的色彩，比如健康的人有时会被称为“In the pink（非常健康）”。粉色通常是浪漫和可爱的代名词，具有唯美的梦幻感。

粉色在居室空间中的使用率较高，适度的搭配不仅不会过于女性化，还能让居室更有温馨柔和的氛围。使用一张皮粉色的针织毯、一把粉色的椅子、一幅粉色的装饰画在空间中做搭配，可以让平淡的空间增添俏皮甜美的感觉。如图2-14所示，粉色在空间中做搭配使用，可以在布艺这种柔和的材质上选择浅粉色，搭配时选择原木色和白色进行组合，使空间在清新活泼的基础上更有整洁素雅的感觉。

图2-13 粉色的色彩联想

图2-14 粉色与原木色和白色搭配

3. 橙色

橙色是介于红色和黄色之间的混合色，又称橘黄色或橘色。鲜艳的橙色是极具热量感的颜色，是欢快活泼、热情的光辉色彩，是最温暖的颜色。橙色稍混入白色或黑色，会变成一种含蓄明快或稳重的效果。常见的橙色有黄橙、红橙、赭黄、柿子橙、胡萝卜橙、琥珀橙、黄褐、咖啡棕等。橙色的色彩联想如图2–15所示。

橙色比红色要更亲近低调些，但亮橙色依然富有刺激和兴奋的特征。橙色基本没有消极的文化象征性和感情联想，具有健康、华丽、温暖、丰收、欢乐、辉煌、生机以及容易动人的色感，常作装饰的点缀色使用。

不同的橙色会给人不同的印象，有富于年轻感的鲜明的橙色，也有具有复古感的偏褐色的橙色。在室内设计中，橙色用在卧室中不容易使人安静下来，不利于睡眠。但橙色可以用在类似客厅这样的公共活动空间，具有营造欢快气氛的作用，如图2–16所示，橙色的融入给略显沉闷、刻板的黑色空间注入了活力；橙色也可用在餐厅或厨房区域，能起到促进食欲的效果，如图2–17所示，红橙色的冰箱使餐厅空间变得愉快丰满起来。

图2–15　橙色的色彩联想

图2–16　橙色与黑色的搭配

图2–17　红橙色作为点缀

4. 黄色

黄色是三原色之一，在色相环上是明度级最高的色彩，类似熟柠檬色、向日葵色、菊花色，给人愉快和充满希望、活力的感觉。黄色在众多颜色中异常醒目，如明媚的阳光一样光芒四射，生机勃勃，具有温暖、愉悦、提神的效果。常见的黄色有米黄、淡黄、柠檬黄、金黄、土黄、奶酪黄、芥末黄、深黄、咖喱黄等。黄色的色彩联想如图2–18所示。

图2–18　黄色的色彩联想

黄色具有优良的反光性质，能有效地使昏暗的房间显得明亮。自古以来，中国人对黄色都十分崇尚，因黄色与金色为同色，所以黄色在古代为皇家御用色，常被视为华丽尊贵、地位显赫的象征。

图2-19 鹅黄色墙面

在家居空间中，鲜艳的亮黄色十分引人注意，可为黑、白、灰的平淡空间增添趣味。若大面积使用黄色，应适当降低其明度和纯度，使用淡黄色、米黄色等，如图2-19所示，鹅黄色的墙面淡雅柔和，营造了明亮的氛围；金黄色在家居空间中能够提升室内的富贵气质，可与黑色或深木色做搭配，如图2-20所示，黄色沙发与黑色茶几的搭配更显高级感；而土黄色和深黄色由于明度低，呈现出复古感，在居室中展现出古朴的韵味，如图2-21所示，纯度较低的土黄色壁纸营造复古质感；在椅子或台灯这样的小配饰上使用黄色，会使这些元素更加引人注目，使空间变得鲜活有趣，如图2-22所示，亮黄色的台灯如一道明媚的阳光点亮纯白空间。

图2-20 黄色与黑色搭配

图2-21 土黄色壁纸

图2-22 亮黄色台灯

5. 绿色

绿色由黄色和蓝色组合而成，既有黄色的活力，又有蓝色的平静，是一种和谐的颜色。绿色是自然界中常见的颜色，是植物的颜色，生机盎然、清新宁静，是充满生命力量和自然力量的颜色。常见的绿色有黄绿、嫩绿、苹果绿、芥末绿、橄榄绿、宝石绿、孔雀绿、薄荷绿、草绿、竹叶绿等。绿色的色彩联想如图2-23所示。

图2-23 绿色的色彩联想

绿色是源自大自然的色调，是人们与自然建立联系的重要因素。在可持续性、环保低碳成为全球议题的当下，绿色召唤起人们对自然的真实感知。象征新一轮生命的绿色系，也代表着人们对美好生活的无限追求，它以平和、清新的视觉感营造自然健康、可持续的居室氛围。

绿色预示着生长与和谐，如灿烂的春光在居室空间中象征着春日的希望和亲近自然的松弛感。在办公区域中使用绿色，可使人集中注意力，提高工作效率，减轻疲劳感。绿色对保护视力有积极的作用，因此也可以在儿童房的墙面或布艺配饰上选择绿色，这是极具生命力和健康活力的表达方式。

偏黄的绿色带有黄色的温暖特性，在空间中犹如沐浴阳光破土的嫩芽，是愉悦的、轻盈的、活力满满的感觉，如图2-24所示的嫩嫩的黄绿色，给卧室增添愉悦清新的感觉；偏蓝的绿色带有蓝色的冷静特性，在空间中仿佛盛夏幽静茂密的竹林，更显清雅、平和之感，如图2-25所示的偏蓝调的翠绿色，既有自然氛围，又有静谧之感。

图2-24　黄绿色的应用

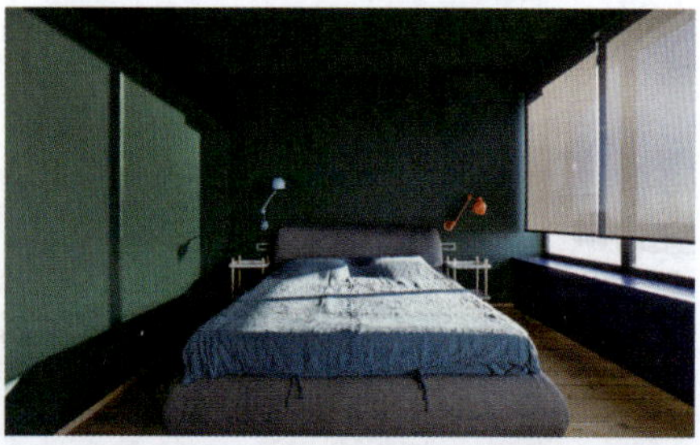

图2-25　翠绿色的应用

6. 蓝色

蓝色是色相环上最冷的颜色。提到蓝色，人们总会联想到广袤无垠的天空、宽广浩瀚的海洋，因此蓝色总是给人一种广阔、冷静、理智、安详的感觉。常见的蓝色有婴儿蓝、天蓝、湖蓝、宝石蓝、孔雀蓝、靛蓝、群青、钴蓝、克莱因蓝、藏蓝等。蓝色的色彩联想如图2-26所示。

图2-26　蓝色的色彩联想

蓝色表达的含义有很多，在不同场合总会扮演不同的角色。通过对蓝色是最冷色调的色彩联想，它象征爽朗、清凉、洁净的感觉；通过对平稳的海平线的联想，它象征稳定、平静、冷静的

图2-27 宝蓝色橱柜

感觉，由此也代表着理智、准确之感，因此蓝色也是商业领域用来代表效率和科技、使用率最高的颜色；而在西方国家，蓝色“Blue”也是忧郁的意思，会代表沮丧、悲伤、抑郁的感情。

在家居空间中，蓝色是软装设计中较常用到的色彩之一，也是接受度较高的色彩之一。蓝色和白色是居室空间中应用最多的搭配形式，视觉效果自然、明亮，具有亲和力。高纯度的蓝色可以营造高级、愉悦的氛围，给人整洁轻快的印象，如图2-27所示，宝蓝色橱柜在空间中起到很好的点缀作用；低纯度的蓝色可以营造安稳、可靠的氛围，会给人现代化都市的印象，如图2-28所示，雾霾蓝墙壁为卧室空间增添安静平和的气氛。克莱因蓝由法国新现实主义艺术家伊夫·克莱因（Yves Klein）最先混合而得名，是纯度高、极富视觉冲击力又十分平静的蓝调。纯净的克莱因蓝与黑色点缀搭配，碰撞出深邃的神秘感。如图2-29所示，渐变的红色地毯搭配克莱因蓝柜体，一种愉悦的清爽感油然而生。

图2-28 雾霾蓝墙壁

图2-29 克莱因蓝柜体

7. 紫色

紫色在可见光中波长最短，它由温暖的红色和冷静的蓝色混合而成。常见的紫色有淡紫、丁香紫、茄紫、青莲紫、薰衣草紫、紫罗兰、蓝紫、深紫等。紫色的色彩联想如图2-30所示。

图2-30　紫色的色彩联想

紫色是一种高贵、精致、神秘的色彩，一直以来都是尊贵、浪漫、奢华的象征。在中华传统文化里，紫色是尊贵的颜色，如北京故宫又称为紫禁城，以及“紫气东来”的成语；在西方，紫色是贵族爱用的颜色。

紫色在家居空间中最适合用来营造浪漫的氛围，是追求时尚的居住者最推崇的色彩，只需用少量的紫色进行点缀，便可呈现出不一样的气氛。明度高的紫色会有温馨、浪漫、温柔的感觉；明度低的紫色则有神秘、尊贵的感觉。低纯度的紫色更能传达积极的印象，可以用在卧室或儿童房，营造淡雅、活泼的气氛，如图2-31所示，温柔的低纯度紫色可以给卧室带来浪漫的气息和独特的表现魅力；高纯度的紫色也可在卧室中进行搭配使用，会使空间更有静谧感和高贵的气质，如图2-32所示，高纯度低明度的紫色不仅奢华尊贵，还有静谧之感。

图2-31　低纯度紫色

图2-32　高纯度低明度紫色

8. 米色

米色是比浅黄色略白的颜色，是一种黄色系低纯度的颜色。常见的米色有米白色、浅米色、奶茶色、奶油色、浅咖色等。米色的色彩联想如图2-33所示。

米色是介于驼色和白色之间的一种都市色彩，它具有驼色的优雅大气，但又比驼色多了几分清爽宜人的感觉；它具有白色的纯净浪漫，但又比白色多了几分温暖和高贵的感觉。自然界中有很多米色物质存在，它是属于大自然的颜色。一般而言，麻布的颜色就是米色。

图2-33　米色的色彩联想

米色属于相对中性的颜色，在空间中的使用范围很广。假如空间以米色为主，可以增加点缀色的明度及纯度，以增加空间的节奏感和张力，如图2-34所示，米色作为空间主色，明亮的蓝色和绿色作为点缀，可以丰富空间层次感。有时米色并非作为主体颜色使用，在其他色系的空间中加入米色，可以让空间多些温暖和柔情，如图2-35所示，米色柜体为黑白色的空间增加温暖感。

图2-34　米色作为空间主色

图2-35　米色柜体

9. 黑色

黑色定义为基本上没有任何可见光进入视觉范围内，与白色正相反，白色是所有可见光光谱内的光都同时进入视觉范围内。黑色反射任何颜色的光，人眼的感觉都是黑色的，它与白色的搭配一直是时尚界较爱的色彩搭配之一。常见的黑色有炭黑、乌黑、午夜黑、漆黑等。黑色的色彩联想如图2-36所示。

图2-36　黑色的色彩联想

黑色具有高贵、稳重、科技的意象，许多科技产品如电视、跑车、摄影机、音响、仪器等的色彩大多采用黑色。生活中，有时形容很神奇的科技产品为“黑科技”。黑色具有庄严经典的意象，在生活用品和服饰设计中也被用来塑造高贵的形象，是一种永远流行的主要颜色。黑色本质单纯，所以适合打造简约的现代风格。黑色是一种优雅、大胆、美丽的颜色，没有其他色彩的万千变化，却有着与生俱来的低调和优雅，是室内设计中最基本的色彩元素。黑色是几乎所有颜色的好搭档，可以与不同颜色搭配出不同的气质，并且可以让其他颜色看起来更加亮丽。

在软装设计中，黑色能够通过明度对比强化其他色彩的纯净感，它所起的作用是给空间营造对比平衡的效果，点缀搭配在空间更显深沉稳重，如图2-37所示的黑色地毯起到平衡空间色彩的作用。在明亮的空间中若大面积地使用黑色，可表现出低调奢华的气质，如图2-38所示的开敞空间中用黑色营造沉稳庄重的高级质感。

图2-37　黑色地毯

图2-38　开敞空间中的黑色造型

10. 白色

白色的明度最高。在绘画中，白色颜料和黑色颜料混合可以得到灰色颜料，和其他颜料混合可以让其他颜色的色相减弱、明度提高。常见的白色有古董白、乳白、亚麻白、米白、纸色、雪白、珍珠白、象牙白等。白色的色彩联想如图2-39所示。

白色明亮、干净、畅快、朴素、单纯、雅致，寓意着纯洁、端庄、正直、超脱凡尘与世俗的情感。在商业设计中，白色象征高级、科技的意象，通常需和其他色彩搭配使用。纯白色会带给人寒冷、严

图2-39　白色的色彩联想

峻的感觉，所以在使用白色时，都会掺一些其他的色彩，如象牙白、米白、乳白等。在生活用品和服饰用色上，白色是永远流行的主要色，可以和任何颜色进行搭配。

在室内空间中，白色是常用的万能颜色，通常作为空间中的背景色使用。白色可以在空间中起到平衡调和的作用，使所有色彩冷静下来，从而弱化凌乱感。在小面积居室空间中，使用白色作为顶面与墙面的色彩，可以提高空间的亮度，使空间显得更加宽敞明亮，如图2-40所示，白色的背景色可以提升空间亮度，在视觉上放大空间。大户型的居室空间中，白色可以表现平静、超凡脱俗的视觉效果，在局部点缀少量黑色更能增强清冷的意境，如图2-41所示，大面积的纯白色空间展现出淡淡的禅意。

图2-40 白色作为背景色

图2-41 纯白色空间

11. 灰色

灰色是无彩色，没有色相和纯度，只有明度，是一种介于黑色和白色之间的颜色。灰色比黑色内敛一些、朦胧一些，不像黑色那么硬朗，灰色更有弹性。常见的灰色有深灰、中灰、浅灰、炭灰、粉灰、铅灰、蓝灰等。灰色的色彩联想如图2-42所示。

灰色有柔和、混沌之感，也会让人感觉有点孤独、捉摸不定。灰色不似黑色和白色那么纯粹，也不像黑色和白色那么单调。灰色包容性很强，可以和任何色彩搭配。由于它的中立性，常被用作背景色，可以让其他色彩更突出。在色彩的使用上，也可以使用浅灰色代替白色或者用暗灰色代替黑色。

图2-42 灰色的色彩联想

灰色是家居空间中被广泛使用的背景色，如深灰色、浅灰色、中灰色，还有偏暖调的灰色和偏冷调的灰色。灰色在空间中单独存在会显得十分平庸且黯淡，但是与其他色彩组合在一起，就会产生特殊的氛围，任何颜色都可以与灰色搭配。灰色不仅能够作为背景色使用，带有一定色彩倾向的灰色还可以与其他颜色搭配作为空间的主色调，给人细腻、含蓄、稳重、精致、有素养的高级感，如图2-43所示，灰色为空间增添优雅感。

图2-43　灰色空间

三、家居空间的色彩构成

1. 背景色

空间中的背景色指墙面、顶面、地面的色彩，有时也指家具、布艺、地毯等大面积软装的色彩。背景色是占据空间最大比例的色彩（通常占比为60%），是决定空间整体配色印象的重要角色。

在室内空间中目之所及的水平方向上，面积最大的是墙面，因此在空间背景色中，墙面颜色对空间整体视觉效果的影响最大。根据色彩面积的原理，通常情况下家居空间的背景色会选择纯度低、亮度高的沉静颜色，以使搭配更加协调，空间更加明亮开敞，如图2-44所示，墙面明亮的背景色使空间更加开阔。

在家居空间中，空间背景色多为淡雅的色调，形成舒适、易于协调的背景。如果使用艳丽的背景色，将产生活跃、华丽的印象。一个物体的色彩是不是背景色并非是固定的，例如在硬装上，墙面的色彩就是背景色，如图2-45所示，墙面跳跃的桃红色构成了空间的背景色；而在软装上，家具就从主体色变成了背景色来衬托陈列在家具上的饰品，形成局部背景色，如图2-46所示，相对于陈列在柜子上的装饰品而言，柜子色彩就成为背景色，起到衬托的作用。

图2-44　明亮的背景色

图2-45　墙面色彩作为背景色

图2-46　柜子色彩作为背景色

2. 主角色

图2-47　沙发色彩作为主角色

主角色是指居室内主体物的色彩（通常占比为20%），包括大件家具、大型室内陈设、装饰织物等中等面积的色块。在客厅空间中，沙发的色彩就是空间中的主角色，如图2-47所示；在卧室空间中，床品软装布艺的色彩就是空间的主角色。主角色在室内空间中具有重要的作用，是构成视觉中心的物体，是配色的中心，搭配其他颜色通常以此为基础，也是构成室内空间设计风格的关键。主角色与背景色一同构成空间中总体效果的主导色彩，在室内空间色彩运用中，应注意重点突显主角色，形成视觉焦点，才能更好地表达空间功能与风格效果。

在小户型的家居空间中，主角色不宜选择过于冲突的色彩，最好与背景色相似，空间整体和谐稳重，并能使空间看上去显得更大一些，如图2-48所示，主角色与背景色相协调，空间显得优雅稳重。若是大户型的家居空间，主角色可选择与背景色或配角色呈对比的色彩，产生鲜明、生动的效果，以改善大空间空旷的感觉，如图2-49所示，主角色与配角色呈对比关系，空间显得生机有活力。

图2-48　主角色与背景色协调搭配

图2-49　主角色与配角色对比搭配

3. 配角色

配角色常陪衬主角色（通常占比为15%），视觉重要性和面积次于主角色，通常为小家具如边几、床头柜等的颜色，使主角色更加突出。配角色的存在是为了更好地映衬主角色，通常可以让空间显得更为生动，能够增添活力。两种类型的色彩搭配在一起，构成空间的基本色。配角色可以是一个颜色，或者是一个单色系，还可以是由若干颜色一起组成的色彩组合，只是这种搭配方式要比用一个单色系稍微复杂一些。

配角色通常与主角色存在一些差异，如配角色与主角色呈现对比关系，显得主角色更加鲜明、突出，如图2-50所示，配角色与主角色为不同的色相，绿色的茶几映衬得宝蓝色的沙发更加明亮，增强了空间视觉上的趣味性；若配角色与主角色相近，虽然容易显得空间配色缺乏层次，但会使空间在视觉上的整体性更强，如图2-51所示。

图2-50 配角色与主角色为不同的色相

图2-51 配角色与主角色相近

4. 点缀色

点缀色是指居室中最易变化的小面积色彩（通常占比为5%），如工艺品、靠枕、装饰画等的色彩。点缀色作为空间的点睛之笔，用来打破单调的整体效果，往往采用强烈的色彩，颜色比较鲜艳，常以对比或高纯度的色彩来加以表现，如图2-52所示，抱枕的色彩艳丽，与沙发的色彩有强烈的对比感，使空间氛围欢快。若主体氛围欢快，为了营造稳定的整体氛围，则点缀色可以选择与背景色接近的色彩，以营造平衡感，如图2-53所示，点缀色与背景色呈接近的色彩，营造沙发主体视觉上的平衡感。

图2-52 对比点缀

图2-53 协调点缀

任务二 家居空间色彩搭配

一、家居空间色彩搭配原则

软装配色设计时，通常会采用2～3种颜色进行搭配，这种使用色相组合的方式称为色相型配色。色相型不同，塑造的效果也不同。色彩较少的色相型用在家居软装配色中，能够塑造出平和的氛围；而开放型的色相型，色彩数量越多，塑造的氛围越自由、越活泼。

1. 同相型配色

同相型配色是指将不同纯度和明度的同种色相组合搭配在一起，会给人稳重、平静的感觉。例如青色搭配天蓝色，墨绿色搭配浅绿色，深红色搭配浅红色，咖啡色搭配米色等，这种色彩搭配具有秩序感和韵律感。在室内设计中，同相型配色更易于掌握，也是最为常见和实用的搭配方式，如图2-54所示，客厅空间整体保持使用不同亮度和纯度的红棕色调，从而营造温馨和谐的居室氛围。

图2-54 同相型配色

同色系中的深浅变化很容易打造出空间层次，容易让空间整体达到和谐一致的美感，但要注意单色搭配时，色彩之间的明度差异要适当，相差太小，太接近的色调容易相互混淆，缺乏层次感；相差太大，对比太强烈的色调会造成整体的不协调。

2. 对决型配色

对决型配色是指在色相环上位于180° 相对位置上的色相组合，实际上也是冷色和暖色的对比。这种配色方式色相差大，视觉冲击力强，可给人深刻的印象，让空间个性更明朗。

对决型配色通常可以用在主角色沙发和配角色单人座椅的配色中，也可以用在床品之间的配色。在软装设计中，对决型配色方式可表达开放、有力、坚决、活力、动感、年轻、明朗、醒目等主题空间，如图2-55所示，红色和绿色的对比增强了空间的视觉冲击力。

图2-55 对决型配色

3. 三角型配色

三角型配色是指在色相环上能够连线成为正三角形的三种色相进行组合，构成三角型配色。例如红、黄、蓝三原色是最经典的三角型配色方式，这种软装配色常搭配在中性色的主色调上使用。

纯度较高的红、黄、蓝三原色在表达轻松、活泼的同时，又兼具平衡感，如图2-56所示，三角型配色看似跳跃，实则这些色彩在色相环中呈平稳的等边三角形，应用在中性色空间里既可以增强空间的活跃性，又不会过于混乱。

图2-56 三角型配色

4. 全相型配色

全相型配色是指在色相环上没有冷暖偏颇地选取5～6种色相组成的配色，充满活力和节日的气氛，是最开放的色相型。在空间软装配色中，全相型配色最多出现在沙发抱枕、餐具或挂画等软装配饰上。

全相型配色方式更多适用于特殊场合或特定时间的空间中，在家居空间中，可用来表达更加自由开放的居室氛围或节日气氛，使空间配色更具时尚气息，如图2-57所示，全相型配色可以表达融合、开放的视觉效果。

图2-57 全相型配色

二、色彩的视觉特征

在室内空间中，色彩以最直接、生动的方式表达空间特点。色彩的搭配在空间中不仅能起到美化环境、烘托气氛的作用，还可以通过人们对色彩的感知产生生理或心理的影响，具体的作用表现如下。

（一）色彩的冷暖感

色彩的冷暖感是指色彩使人产生的冷和暖的一种主观感受。红色、黄色、橙色以及倾向于这些颜色的色彩能够给人温暖的感觉，通常人们看到这些颜色就会联想到灯光、太阳光、火焰等，所以称这类颜色为暖色；蓝色、蓝绿色、蓝紫色会让人联想到天空、海洋、冰雪、月光等，使人感到冰冷，因此称这类颜色为冷色。无彩色总的来说属于冷色，白色为冷色，灰色、金银色为中性色，黑色则有偏暖色调的倾向。

色彩的冷暖属性和其他属性一样，是色彩之间比较而产生的。色彩的冷暖并不是绝对的，而是与周围的颜色有着强烈的联系。例如当在红色旁边画紫罗兰时，紫罗兰会显得更冷，因其含有一些蓝色；然而，当紫罗兰放在蓝色旁边时，就会被认为是暖色。换句话说，当不确定一种色彩的冷暖感时可思考这种颜色里面的黄色更多还是蓝色更多来确定它是更暖还是更冷，如图2-58所示的绘画中，相对于绿色的莲叶来说，紫色偏暖；相对于红色的花朵来说，紫色更冷一些。

图2-58 冷暖色调的对比

冷色调的明度越高，越偏暖；暖色调的明度越高，越偏冷。例如，深紫色属于冷色，但浅浅的香芋紫属于暖色，如图2-59所示为同一色相的色彩冷暖变化。在家居空间中，暖色更容易营造温馨、热情、活泼的气氛；而冷色则更容易营造理性、冷静、稳定的气氛。

图2-59　同一色相的色彩冷暖变化

（二）色彩的轻重感

色彩的轻重感是指色彩使人感觉事物轻或重的一种心理感受。决定轻重感的首要因素是明度，明度越低越显重，明度越高越显轻。所有色彩中，白色给人感觉最轻，而黑色给人感觉最重。在空间中，白色会让人联想到轻飘的羽毛、柔软的棉花，因此会给人以轻盈之感；黑色会让人联想到坚硬的石头和煤炭，这会让人感觉比浅色更加沉重。

图2-60　浅色天花板

在室内空间中，天花板往往为浅色，以避免给人以头重脚轻之感，浅色的天花板显得更轻盈，视觉上会显得更高，空间看起来更明亮，如图2-60所示，白色的吊顶会使空间更开阔明亮。但“上浅下深”也并非绝对，深色的天花板在视觉上会有向下压的感觉，从视觉上压缩空间的高度，显得更有紧缩感和包裹感，增加空间私密性，如图2-61所示，黑色的吊顶增强空间的独立性，也有一种沉静的包围感。

图2-61　深色天花板

从色彩的明度角度来看，明亮的色彩如黄色、淡蓝色等给人以轻快的感觉，而黑色、深蓝色等明度低的色彩使人感到沉重，如图2-62所示，浅色的沙发明度高显得轻，深色的沙发明度低显得重。从色彩的纯度角度来看，在同明度、同色相条件下，纯度高的感觉轻，纯度低的感觉重，如图2-63所示，同样的黄棕色调，左边的抱枕纯度高显得轻，右边的抱枕纯

图2-62　色彩明度变化的差异

度低显得重。从色彩的冷暖角度来看，黄色、橙色、红色这样的暖色给人的感觉轻，蓝色、蓝绿色、蓝紫色这样的冷色给人的感觉相对重，如图2-64所示，橘色的椅子为暖色，显得轻盈一些，蓝色的椅子为冷色，显得更重一些。

图2-63 色彩纯度变化的差异

图2-64 色彩冷暖变化的差异

（三）色彩的缩扩感

色彩的缩扩感是指不同色彩、相同大小的物体，看上去会有不同的大小。色彩的缩扩感不仅与其颜色的色相有关，明度和纯度也是一个重要因素，如图2-65所示，暖色系中明度高的颜色为膨胀色，可以使物体看起来比实际大；而冷色系中明度较低的颜色为收缩色，可以使物体看起来比实际小。明度为零的黑色更是收缩色的代表，这就是人们常说的“穿黑衣看起来显瘦”的原因。

在家居空间中，橘色等暖色的沙发看起来有膨胀的感觉，会使小房间显得狭窄和局促；而深色的沙发看上去会有向内收敛的感觉，使人感觉客厅空间较开敞，如图2-66所示。

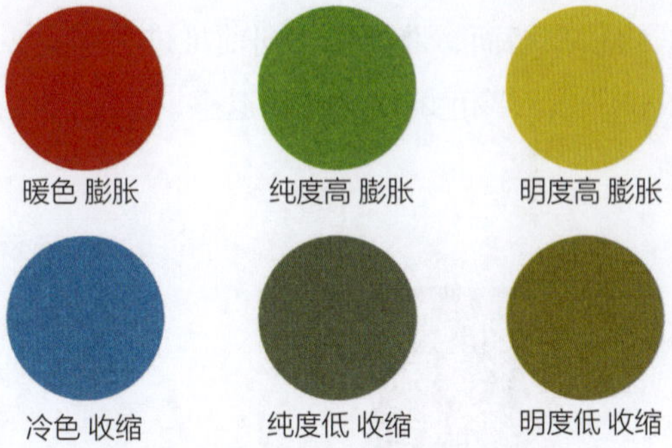

图2-65 色彩的缩扩感

（四）色彩的进退感

色彩也有前进感和后退感，有的色彩给人突出向前的感觉，有的则给人后退深远的感觉，这种感受受色彩的明度、纯度和色相的影响。

1. 明度

(1) **前进感**。较亮的颜色通常给人前进的感觉。例如，亮黄色或白色在视觉

图2-66 沙发的收缩感

上会比深色的颜色更靠近观察者。

(2) **后退感。**较暗的颜色则有后退的效果。例如，深蓝色或黑色看起来会比亮色更远离观察者。

2. 纯度

(1) **前进感。**高纯度的颜色通常看起来更突出、更接近观察者。例如，鲜艳的红色或蓝色会比灰暗的颜色更具前进感。

(2) **后退感。**低纯度的颜色（如灰色调或粉色）则会显得更远离观察者。

3. 色相

(1) **前进感。**暖色调如红色、橙色、黄色等通常具有前进感，能够吸引视线向前。

(2) **后退感。**冷色调如蓝色、绿色、紫色等通常给人一种退后的感觉，使视觉上产生深远感。

在室内装饰中，利用色彩的进退感可以从视觉上改善房间户型缺陷。如果空间空旷，可采用前进色处理墙面，如图2-67所示，暖色较冷色有吸引人注意的效果，使人快速将视线定位在墙面，墙面更有向前推进的感觉；如果空间狭窄，可采用后退色处理墙面，如图2-68所示，冷色的墙面有后退感，会使空间看起来开阔一些。

图2-67　暖色墙面

图2-68　冷色墙面

三、不同色彩印象的打造

我们生活在五彩斑斓的世界中，积累了许多视觉经验，一旦视觉经验与外界色彩刺激发生一定呼应时，会让人们的心境发生变化。在室内设计中，空间色彩是第一视觉要素，也是造价较低且方便施工的室内要素。

每种色彩都有自己独特的语言，可以给人深刻的第一印象，利用这些色彩印象进行配色可以第一时间抓住人们的注意力，成功地对空间进行配色。

对于色彩印象的感受，虽然存在个体差异，但是大部分情况下人们都具有共通的审美习惯，这其中暗含的规律就形成了配色印象的基础。不管是哪种色彩印象，都是通过色调、色相、色彩数量、对比强度等诸多因素综合而成的。将这些因素按照一定的规律组织起来，就能准确营造想要的配色印象。

1. 高贵华丽印象配色

对于室内装饰来说，色彩的华贵或朴素与配饰的色相关系最大，其次是纯度和明度。一般采用紫色为基调最能表达出高贵印象，紫色在古代是权贵之色，因为紫色染料提取非常不易；金色与银色是金碧辉煌、富丽堂皇的宫殿色彩，让人联想到象征权力与地位的宫殿、龙袍和龙椅。高贵华丽印象配色的常用色彩如图2-69所示。

图2-69　高贵华丽印象配色的常用色彩

紫色加入少量的白色后会变得清新而有活力，十分优美；紫色搭配金色显得奢侈华美；紫色搭配黑色是具有神秘感的配色，黑色还能突显紫色的冷艳感。紫色与白色、金色、黑色的结合可以演绎高贵的女性主题，如图2-70所示。

金色和银色这类带有光泽感的色彩有着华美、绚丽的含义，如以浅浮雕作为装饰的形式存在，给人一种古典、浪漫的感觉；若搭配以同样带有光泽感的绸缎，给人一种华丽、典雅的感觉；若与黑色、深灰色进行搭配，则给人一种冷酷、精致的华丽感，如图2-71所示，金色与黑色的经典搭配在沉稳庄重的环境中带有精致华丽感，具有丰富的视觉层次。

图2-70　高贵印象配色

图2-71　华丽印象配色

2. 朴素雅致印象配色

庄子说：“朴素而天下莫能与之争美。”纯粹的美是人们追求的一种生活方式，也是精神与灵魂共鸣所需。朴素雅致的色彩印象应以和谐为主，颜色对比弱、纯度低。在用色上切忌大红大紫，应多采用同类色或类似色的配色方案。极简纯白、温润的木色以及饱和度低的色彩，都能体现空间质朴淡雅的美感。朴素雅致印象配色的常用色彩如图2-72所示。

图2-72 朴素雅致印象配色的常用色彩

在营造朴素雅致的室内空间时，可以以纯白色为主调，通过装饰品来丰富空间的颜色。但在搭配时要注意空间中黑、白、灰的比例，浅色过多容易显得空间过于平淡没有层次，可以加入一些明度低的色彩与之呼应，或者搭配纯度低的彩色，增加空间的生活气息，如图2-73所示，空间中的色彩简约但注重细节，温馨且有格调。

图2-73 朴素雅致印象配色

3. 都市现代印象配色

都市现代印象的配色常能够使人联想到商务人士的西装、钢筋水泥的建筑群等的色彩。通常用灰色、黑色等与低纯度的冷色搭配，明度、纯度都较低，色调也较弱。都市现代印象配色的常用色彩如图2-74所示。

图2-74 都市现代印象配色的常用色彩

蓝色系搭配能够展现城市的现代感，灰蓝色具有男性气质；在冷色系配色中添加茶色系色彩，给人时尚、理性的感觉，如图2-75所示，深灰色表现都市现代感，茶色灯带渲染时尚氛围；黑色与白色的搭配使用也可以很好地表现出都市化的感觉。

图2-75　都市现代印象配色

4. 复古怀旧印象配色

在复古风潮愈加风靡的今天，以怀旧物件为主要布置元素的怀旧风情也悄然流行于室内软装设计中。复古风格家居巧妙利用色彩与配饰，呈现出具有时间积淀感的怀旧韵味，让人百看不厌。复古色不是单指一种颜色，而是指一种看起来具有古朴感觉、让人产生怀旧情绪的色调。复古怀旧印象配色的常用色彩如图2-76所示。

复古怀旧印象的配色常以暗浊的暖色调为主，明度和纯度都比较低。很多颜色都可以表现出复古的味道，如褐色、白色、米色、黄色、橙色、茶色、木纹色等。褐色是复古印象最具代表性的一种色彩，褐色与橙黄色搭配给人以温暖的怀旧印象，如图2-77所示，橙黄色与褐色搭配运用，散发出温暖的复古气息；褐色与深绿色搭配，则在感怀时光流逝中多一分活力和轻松。

图2-76　复古怀旧印象配色的常用色彩

图2-77　复古怀旧印象配色

5. 清新自然印象配色

简单自然的生活成为越来越多都市人的心中向往，在软装设计时可将富有自然感的配色创意地运用到家居装饰中，营造自然的氛围和舒适的居家环境。一般清新自然印象的配色，色相以浊色调的棕色、绿色、黄色为主，明度中等、纯度较低。清新自然印象配色的常用色彩如图2-78所示。

图2-78 清新自然印象配色的常用色彩

清新自然印象的配色是从自然景观中提炼出来的配色体系，具有很强的包容性，例如大地、原野、树木、花草等，给人温和、朴素印象的色彩都可以使用。树木的绿色和大地的棕色是自然中最常见的色彩，两者搭配能很好地打造质朴的感觉；棕色系使人联想到成熟的果实和收获的景象，是打造乡村风格的常用色彩，如果加一点做旧感，能立刻散发出森林木居的气息，如图2-79所示，取自石材、植物等自然素材的色彩给人温和朴素的印象。

图2-79 清新自然印象配色

6. 活力个性印象配色

活力个性印象的家居空间给人热情奔放、开放活泼的感觉，是年轻一代的最爱。配色上通常以鲜艳的暖色为主，色彩明度和纯度较高，如果再搭配上对比色，可以呈现出极富冲击感的视觉效果。活力个性印象配色的常用色彩如图2-80所示。

图2-80　活力个性印象配色的常用色彩

鲜艳的黄色给人阳光照射大地的感觉，即使是少量使用，也可作为点缀色给空间增添活泼和积极向上的感觉；混合了热情红色和阳光黄色的橙色，被认为是最有活力的颜色，与红色搭配可以展现运动的热情和喧闹，如图2-81所示，高饱和度的洋红使空间充满激情与活力，与柔和的木色搭配形成对比，特别能突显配色的张力。

图2-81　活泼个性印象配色

技能训练

制作色彩空间，表达不同的视觉效果

训练目标

一、掌握色彩表达效果

理解不同色彩在家居配饰中的视觉效果及其心理影响，包括色彩的搭配原则、色彩的情感表达和空间氛围的营造。

二、搜集与应用色彩搭配方案

能够搜集并分析不同色彩搭配方案，学习如何将这些方案应用于实际设计中，以达到理想的视觉效果。

三、制作色彩空间

学会通过色彩空间的创建与应用，表达不同的视觉效果，提升色彩运用的实践能力和设计敏感度。

训练要求

一、色彩理论学习

1. 色彩基础

学习色彩基础知识，包括色轮、色彩三原色、互补色、对比色等基本概念。

2. 色彩心理学

了解不同色彩对人的心理影响和情感表达，例如暖色调带来的温馨感、冷色调带来的宁静感等。

二、色彩搭配方案搜集与分析

1. 方案搜集

从设计杂志、在线平台、专业书籍等渠道搜集不同色彩搭配方案，包括单色搭配、对比色搭配、邻近色搭配等。

2. 方案分析

分析每个色彩搭配方案的特点、优缺点及其适用的家居环境和风格。理解如何通过色彩搭配来解决实际设计中的问题，如空间狭小、色彩单调等。

三、色彩空间制作

1. 色彩空间构建

选择居室中的一个具体空间（如客厅、卧室、餐厅等），使用所学色彩搭配知识制作色彩空间方案。

2. 效果展示

通过手绘或设计软件制作色彩空间效果图，展示不同色彩搭配在实际空间中的效果，包括墙面颜色、家具颜色、装饰品颜色等的配合。

四、实际应用与调整

1. 方案实施

将所制作的色彩空间方案应用到实际设计中，创建一个小型家居配饰模型或虚拟空间，确保色彩搭配在实际应用中的效果符合预期。

2. 方案调整与优化

根据实际效果进行调整，优化色彩搭配方案。考虑实际空间的光线、家具颜色、装饰风格等因素，进行细节修正。

五、效果展示与说明

1. 展示材料制作

制作一个色彩搭配展示板或数字化效果图，展示不同色彩搭配在实际空间中的应用效果。

2. 说明文档撰写

撰写说明文档，详细介绍色彩搭配的选择依据、色彩的视觉效果及其对空间氛围的影响。文档应包括色彩搭配的理论基础、实际应用情况及改进建议。

六、自我评估与反馈

1. 自我评估

对色彩空间方案进行自我评估，判断色彩搭配是否达到预期效果，并找出不足之处。

2. 同伴评价

与同学或专业设计人士分享色彩搭配方案，收集反馈意见，并根据建议进行必要的修改和完善。

通过此技能训练，深入理解色彩在家居配饰设计中的作用，掌握色彩搭配的技巧，并将理论知识应用于实际设计中，提升设计能力和色彩运用的专业性。

项目三

家居配饰材质应用

学习目标

知识目标

1. 了解家居配饰材料的类型及其基本特征。
2. 了解家居配饰材料的质感和带给人的感受。
3. 了解家居配饰材料的材质在家居设计中的作用。

技能目标

1. 能够根据家居设计的需求和风格，合理选择和搭配不同的配饰材料。
2. 能够通过对不同材质的质感进行分析，选择符合设计需求的材料。
3. 能够制定优化的材料应用方案，合理利用材料特性来改善空间功能和氛围。

素质目标

在选择家居材料时，注重环保和资源的可持续使用，培养绿色、低碳、可持续发展的理念。

任务一 家居配饰材料介绍

一、家居配饰材料的类型

家居配饰在室内设计中起着至关重要的作用，通过选择合适的材料，能提升整体空间的美感和功能性。主要家居配饰材料及其特征见表3-1。

表3-1 主要家居配饰材料及其特征

类型	材料	图例	特征
石材	大理石		硬度高，耐用性强；抗污性强，易于清洁；耐湿性好；装饰性好，高级感强，高光泽度，多样颜色，独特纹理
	天然石材		自然美观；高硬度，耐磨；耐热，防火；易清洁，抗菌强；类型多样，应用多样

续表

<table>
<tr><th>类型</th><th>材料</th><th>图例</th><th>特征</th></tr>
<tr><td>木材</td><td>天然实木</td><td></td><td>自然美观，纹理丰富；环保健康；使用寿命长，易修复；质感温润；搭配性强</td></tr>
<tr><td rowspan="2">金属</td><td>金、银、铜</td><td></td><td>金、银、铜材质有尊贵的特征；金更有奢华感和光泽感；银的现代感更强，且有抗菌性；铜具有易氧化的特性，可营造历史感，更加温馨复古</td></tr>
<tr><td>不锈钢</td><td></td><td>高耐腐蚀性；光泽度高，现代感强；可塑性强；具有多种表面处理形式；强度高，韧性强；抗污性强，抗菌性强</td></tr>
</table>

续表

类型	材料	图例	特征
布料	棉麻	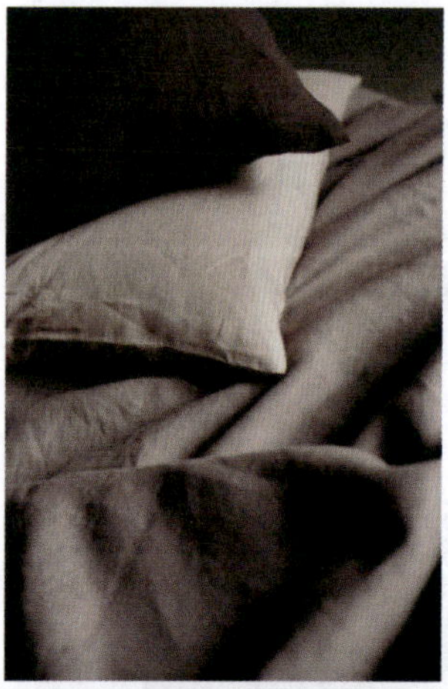	自然环保，无污染；透气性强，吸湿性强；柔软舒适，保温性强；质朴美观；坚韧耐磨，易于清洁
	丝绸		光泽度高，高贵典雅；色彩鲜艳；手感细腻，光滑垂坠；透气性好，吸湿性强；具有多样化设计，高级奢华
皮革	真皮		纹理天然，随性自然；高级感强；光泽优雅柔和，提升空间质感；坚韧耐磨，抗老化；柔软舒适，调温性强；透气性、吸湿性强；造型多样，颜色多变
漆	乳胶漆		透气性好；质感丰富；多种色彩选择；遮蔽性强；施工方便

续表

类型	材料	图例	特征
漆	油漆		色彩选择丰富；光泽度丰富；耐久性强；附着力强；防霉抗菌；有很好的装饰效果
玻璃	玻璃		高透明度，增强空间通透感；表面光滑，反光强，增加明亮度；表面款式多样，装饰效果丰富；耐腐蚀，防霉防菌；钢化玻璃、夹层玻璃提升安全性
	镜子		反射光线，增加空间亮度和空间尺度；形状、工艺丰富，美观且富有多样性；实用性强；耐久性强，易于清洁；增加空间灵活性和多样性

续表

类型	材料	图例	特征
合成材料	塑料		轻便，易加工；耐用，易清洁；材质种类丰富；颜色丰富；防水防潮；成本低；多功能应用
	亚克力		透光性佳，光学清晰度高；强度高，安全性强；重量轻，轻便，适合大型装饰使用；耐候性良好，抗紫外线；易加工，设计灵活；颜色丰富，表面处理方式丰富；易于维护；环保可回收
	人造板材		种类繁多，规格多样；结构均匀，稳定性强；易加工，表面处理多样；资源利用率高，符合环保标准；经济实惠，资源丰富；强度高，防水防潮

二、家居配饰材料的质感

在家居空间设计活动中，材料的质感即材质，是影响整体视觉和触觉体验的重要因素。设计师在设计前期应结合室内的风格，将空间中家具的材质进行分类，根据空间的不同特性进行搭配组合。

随着生产工艺的进步，家居配饰材料的质感发生了显著变化，从传统的粗糙、原始逐渐转向光滑、现代。材质从原始质感到现代质感的变化如图3-1所示。

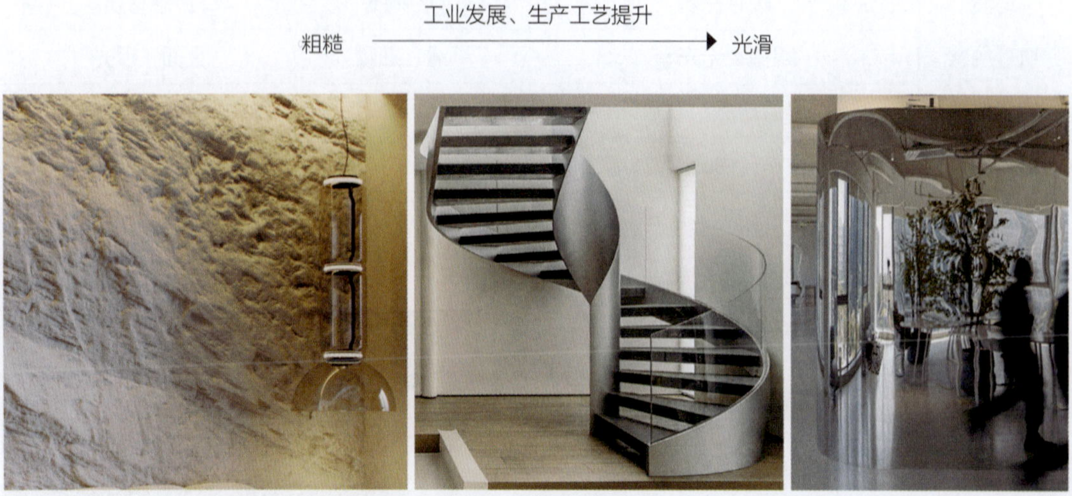

图3-1　材质变化

在早期，家居配饰的材料和制品深受自然环境、技术水平和生活方式的限制，主要依赖天然、易得、易加工的材料，如使用天然植物材料、动物材料、矿物或土壤等。这些材料质感较为粗糙和原始，虽然自然质朴，但在舒适度上存在不足。这些使用天然材料制作的配饰，绝大多数是家庭手作或本地工匠定制，材料本身的纹理、色泽和质感是重要的美感来源。木材表面常有纹理和节疤，质地较为粗糙，但触感温和；石材表面多孔，质感坚硬且造型大多不规则，呈现自然放松的感觉；编织品是最古老的装饰样式之一，具有良好的透气性和自然纹理；陶器表面呈亚光或柔光质地，触感比较粗糙，质感更为古朴。

随着生产工艺的提升，现代家居配饰材料的质感变得更加光滑细腻：木材经过精细打磨和涂装，表面光滑，触感细腻；石材经过抛光处理，表面光滑如镜，质感细腻；陶瓷采用先进釉料和烧制工艺，表面光滑细腻，光泽度高。

此外，新型材料如金属、玻璃、塑料等也广泛应用于家居配饰，进一步丰富了质感选择：金属通过抛光、拉丝等处理，表面光滑细腻，质感现代；玻璃光滑透明，质感轻盈通透；塑料通过注塑成型，表面光滑细腻，质感多样。

材料质感的变化对家居配饰设计产生了深远影响。从视觉上来看，光滑细腻的材料更具现代感，提升了产品的美观度；从用户体验上来看，细腻的质感提升了触感舒适度，增强了用户体验；从设计者角度来看，丰富的质感为设计师提供了更多选择，推动了设计的多样化。

根据材质的视觉以及触觉感受，大致将室内空间的材质分为三类：暖感材质、中性材质、冷感材质，其肌理触感、视觉感受和心理感受见表3-2。

表3-2 不同材质的肌理触感、视觉感受及心理感受

材质	暖感材质	中性材质	冷感材质
肌理触感	粗糙，无光泽	平滑，细腻	亮面，反光
视觉感受	亲近自然，原始	柔和，稳定	耀眼，时尚，科技，现代
心理感受	轻松，复古，自由，随性，亲和力	安静，温和，舒适	距离感，高级

（一）暖感材质

暖感材质通常表面柔软、质地温暖，给人一种温馨、舒适、亲切的感觉。这类材质适用于传统、乡村、田园风格的家居空间，包括木材、棉麻、藤草、皮毛、陶瓷等。这些材质大多取自自然环境，且触感比较柔软温和，颜色大多偏黄棕等暖色，无论是触觉还是视觉上，都会给人以温暖柔和的感受。

图3-2 暖感材质——实木

暖感材质在空间中的适用范围较为宽泛，尤其在家居空间中，重要的是要营造家庭温馨和谐的氛围，因此可以通过增加暖感材质为空间营造舒适感。在现代风格的空间中，如果整体黑、白、灰的色调过于单一冰冷，可以增加实木材质或者布艺材质的使用比例，即使颜色没有发生改变，有了暖感材质的加入，也会为空间增添柔和温暖的视觉效果。如图3-2所示，粗糙的实木材质营造亲近自然的舒适感，可以适当地平衡混凝土材质的冰冷感。当空间过于空旷时，可以使用暖感材质来表现温馨舒适的感受，如图3-3所示，粗糙并且带有颗粒感的石材可以营造原始和亲切的氛围感。

图3-3 暖感材质——石材

（二）中性材质

中性材质介于冷感材质和暖感材质之间，具有较好的适应性，适用于各种家居风格，营造平衡、和谐的感觉。中性材质包括

塑料、瓷器、皮革或者部分人造反光材料。这类材质质感不固定，有粗糙的材质，也有光滑的材质，营造的效果也不同，在空间中如果小面积使用并不会改变整体效果。如图3-4所示，空间中柜体和边桌的人造板材为中性材质，表现出柔光的效果。

中性材质通常有着冷感材质和暖感材质的共同特点，例如可以用一把红色的塑料椅子去平衡工业风的冰冷，也可以用这把红色的塑料椅子为全原木的空间增添现代感，不同场景中它扮演的角色是不一样的；再比如选择一组棕色亮面的皮质沙发，既可以用它棕色皮革的特点表现柔和与稳重，又可以用亮面反光的效果表现时尚与现代感。因此，中性材质在空间中有着多变的特性，适合在家居空间中进行大面积使用。

图3-4 中性材质——人造板材

（三）冷感材质

在家居空间中，通常将反光性强、表面光滑、质地坚硬、触感冰凉的材质称为冷感材质。冷感材质包括不锈钢、铝、镀铬金属、玻璃、大理石等。如图3-5所示，不锈钢材质的结构为空间增添工业、冷峻的感受；如图3-6所示，透明玻璃材质的茶几有着清凉、通透的视觉感受。

冷感材质适合现代风格、工业风格等家居空间，可以营造更加理性且具有现代感的视觉效果。例如客厅中摆放的茶几，用金属的材质就会比用木头的材质表现的现代感和高级感更强，但亲近感会弱一些。如图3-7所示的茶几，黑色玻璃材质和不锈钢材质高反光的质感，为空间营造一种理性、现代的感觉。

图3-5 冷感材质——不锈钢

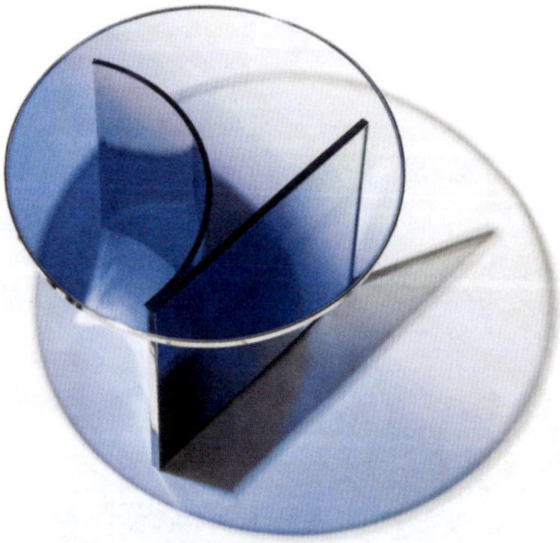

图3-6 冷感材质——玻璃

图3-7 冷感材质的茶几

任务二 家居配饰材料的性质

一、家居配饰材质对空间的影响

（一）冷感材质对空间的影响

冷感材质在家居配饰中的应用能够显著影响空间的氛围和整体感受。这些材质通常具有光滑、坚硬和冷色调的特征，能够显著提升空间的现代感、通透感和清凉感。通过合理搭配这些材质，可以营造简约、干净、开阔的家居环境，特别适合现代风格、工业风格、简约风格等家居空间的设计需求。同时，这些材质也具有易清洁和耐用的特点，能够提升空间的实用性和后期维护的便捷性。

1. 增加现代感和简约感

金属材质（不锈钢、铝、镀铬金属）具有光滑的表面和强烈的光泽感，能反射光线，使空间显得更加明亮和现代，常用于灯具、家具配件、装饰品等，可以带来简约、干净的视觉效果，增强空间的科技感和未来感，适合现代风格、工业风格的家居空间设计。如图3-8所示，金属材质餐椅为就餐空间增添了现代感。

图3-8 金属材质餐椅

2. 提升通透感和开阔感

玻璃材质（透明玻璃、磨砂玻璃）具有透明或半透明的特性，可以使空间显得更加开阔和通透。玻璃家具、隔断、桌面等能够减少视觉上的阻隔，使空间看起来更大更明亮，增加空间的通透感和光亮感，适合小空间和需要增加采光的区域。如图3-9所示，透明玻璃淋浴间可以提升空间的通透感，使空间看起来更加开阔。

3. 营造清凉、清爽的氛围

大理石和其他光滑石材等具有自然的冷色调和光滑的质感，能够带来冰凉的触感和视觉感受。大理石常用于厨房台面、浴室、地板等，可以提升空间的质感和档次，带来清凉的感觉，适合夏季使用或需要打造高端、奢华氛围的空间。如图3-10所示，光滑的大理石台面提升了空间的高级质感。

4. 增强工业感和科技感

混凝土和金属通常具有粗犷、坚硬的质感，能够营造强烈的工业风格和科技感。混凝土墙面、地板和金属家具等在视觉上给人以冷峻、坚固的印象，增强空间的工业风格，适合工业风和科技风的家居空间设计。如图3-11所示，混凝土材质营造理性、冷静的工业感。

图3-9 透明玻璃淋浴间

图3-10 大理石台面

图3-11 混凝土材质

5. 提供易于清洁和维护的表面

瓷砖和金属的表面光滑、坚硬，耐污、易清洁，适合用于厨房、浴室等需要频繁清洁的区域。釉面瓷砖、金属厨具等不仅实用，还能保持长时间的整洁和光亮，增加空间的实用性和易维护性，适合在高频使用区域中应用。如图3-12所示，光滑的瓷砖和不锈钢五金件是卫浴空间保持清洁的最佳选择。

图3-12　瓷砖和不锈钢五金件

（二）中性材质对空间的影响

中性材质在家居配饰中的应用能够显著影响空间的整体氛围和视觉效果，它们通常具有自然、柔和的质感和色调，能够营造温馨、和谐、宁静的家居环境，使人感到放松和愉悦。此外，中性材质还具有高度的包容性，能够与各种颜色和材质和谐搭配，适合不同风格家居空间的设计需求。通过丰富的纹理和质感，中性材质还能增加空间的层次感和视觉趣味，使室内设计更加立体和有深度。

图3-13　人造板材

1. 提升自然感和舒适感

人造板材由木材或其他植物纤维材料通过加工、黏合压制而成。不同于实木材质自然温暖的效果，人造板材的手感和质感更具现代感。它可以通过贴面、涂漆等工艺获得多种外观效果，营造舒适、宜人的居住环境以及平和的居室氛围。如图3-13所示，人造板材表面的柔光效果，不似原木的粗糙自然，也不似玻璃和金属的冰冷，它可以连接空间中的配饰元素，在空间中起到平衡稳定的效果。

图3-14　红砖材质

2. 平衡视觉效果

石材（砂岩、石灰石）的自然色调和质感能够增加空间的原始感和层次感，适用于地面、墙面和装饰细节，使室内环境更加和谐和稳定。如图3-14所示，红砖材质为平淡的空间提供更有层次的质感。

（三）暖感材质对空间的影响

暖感材质在家居配饰中的应用能够显著影响空间的氛围和视觉效果，它们通常具有柔软的质感和温暖的色调。通过合理使用织物、木材、皮革、丝绸等暖感材质，可以营造一个温暖、亲切、舒适的居住环境，使人感到放松和愉悦。此外，暖感材质还能增加空间的质感和豪华感，使室内效果更加稳重和高端。通过巧妙的搭配和应用，这些材质能够满足不同功能和审美需求，创造出一个温馨、舒适、美观的家居空间。

1. 提升温馨感和舒适度

织物的质地厚实、保暖性好，常用于地毯、抱枕、沙发套等。它们能够带来温暖、柔软的触感，增加空间的温馨感和舒适度，营造一个放松和宜人的居住环境。如图3-15所示，羊毛织毯将空间温暖的质感再次提升，营造更加温馨舒适的氛围。

原木具有温暖的色调和纹理，广泛用于家具、地板、墙面装饰。它们的自然质感和温润触感能够增加空间的温馨感，营造自然、温暖的氛围，使室内环境显得更加亲切和舒适。如图3-16所示，粗糙原始的原木茶几为空间增加了原始感和温暖感。

图3-15　羊毛织毯

图3-16　原木茶几

2. 营造家庭氛围

皮革的质感柔软、触感温暖，常用于沙发、椅子、床头等。高品质的皮革能够带来豪华感和舒适感，增加空间的温馨感和家庭氛围，使人感到放松和愉悦，适合营造亲密、友好的居住环境。如图3-17所示，柔和自然的真皮沙发为空间营造随性、温暖的气氛。

棉麻布艺这些天然纤维质地柔软、透气性好，常用于窗帘、床上用品、靠垫等。它们的自然色调和质感能够带来温馨、舒适的感觉，营造放松、自然的家庭氛围，适合卧室、客厅等休闲空间。如图3-18所示，粗糙天然的棉麻床品是增添空间温馨氛围的重要配饰。

图3-17　真皮沙发

图3-18　棉麻床品

3. 增强质感和豪华感

丝绸具有光滑、柔软的质地，反光效果好，常用于窗帘、床上用品、装饰品等。丝绸的质感能够增加空间的豪华感和精致感，提升空间的质感和档次，使室内环境显得更加精致和高端。如图3-19所示，真丝床品的光泽和细腻为空间增添精致感。

厚实、柔软的地毯能够带来温暖的触感和视觉效果，增加空间的舒适性、温馨感和豪华感，适用于客厅、卧室等需要舒适感的区域。如图3-20所示，羊毛地毯柔和的质感可以为平淡的空间增添温暖感。

图3-19　真丝床品

图3-20　羊毛地毯

二、家居配饰材质在家居设计中的作用

1. 调节空间整体色调

在家居配饰设计的过程中，可以利用材质本身的色彩调节空间的色调。例如木材材质原本的色彩多为黄、红、棕等色调，在传统中式的空间里，建筑的室内外大面积使用红棕、深棕的木材。相较于石材的空间，木材的色彩整体色调偏暖，空间更具温暖复古的气氛。如图3-21所示，使用暖调的实木板材做装饰能提升温馨、古朴的质感。

图3-21 实木板材

2. 体现空间季节特征

家居配饰的材质能够对空间的冷暖效果起到平衡作用，可以表现空间的季节性。在家居空间中，整体视觉效果过于冷或者过于暖都不适合日常居住。在不想改变家具色彩的情况下，可以通过改变材质种类来调节冷暖效果。例如在寒冷的冬日，使用柔软的毛绒材质能够营造温暖的感觉，如图3-22所示，柔软蓬松的羊毛地毯是北欧风格营造温馨氛围常用的配饰。而棉麻这种透气性强的布料更适合在夏季使用，可以让人有清凉的感觉。

图3-22 羊毛地毯

3. 改变居室空间风格

家居配饰的材质既有冷感、暖感之分，也有自然和人工之分，在一定程度上，材质对居室风格的走向有决定作用。不同地域、不同时期的材质代表着不同的家居风格。例如，根据塑料材质出现的时间来看，它就不适合在传统中式风格的空间中使用，反而更适合在现代风格的空间中使用；再比如木材、藤草、棉麻等这种自然的、暖感的材质，可以用于表现中式风格、东南亚风格和日式风格等。如图3-23所示，外露的横梁和框

图3-23 外露的横梁和框架柜体

架柜体展现了亲近自然的舒适感；如图3-24所示，藤草编织的地面营造淡然平和的日式风格；塑料、金属、玻璃等人工材质、冷感材质则更适合表现现代风格、工业风格的家居空间，如图3-25所示，黑色金属置物架为空间营造了工业感。

图3-24　藤草编织的地面

图3-25　黑色金属置物架

任务三　家居配饰材料的可持续性

一、家居配饰材料的可持续性

1. 资源的可再生性

可再生的材料是提高可持续性的一个重要因素。例如竹子生长迅速，具有可在短时间内再生的特点，可广泛用于家具和装饰品；对旧木材进行修复和重新加工，也能延长其使用寿命。如图3-26为广东工

图3-26　竹编座凳

业大学艺术与设计学院设计的竹编座凳。竹编工艺作为国家级非物质文化遗产，是中华优秀传统文化的重要组成部分。将乱编工艺与凳面进行结合，使抗拉强度高、塑形能力强的材质特性以三种符合人机曲面形态的方式展现，工艺性与功能性之间相辅相成，充分展现乱编工艺编织形态的有机感和柔韧感。木凳腿以榫卯方式与凳面连接，竹与木的结合也能给人带来一种天然的和谐感，与家居环境的融合度较好。

2. 生产过程的环保性

材料的生产过程对环境的影响也很重要。选择更环保的材料，可以减少对环境造成的负担。例如有机棉在种植过程中不使用合成农药和化肥，对土壤和水源友好。选择无毒的涂料和胶水，避免使用有害化学物质，可以减少室内空气污染。在家居空间中，可以选择没有涂装的实木家具，保留材质本身的肌理特征，呈现更加原生态的自然感。或者选择在组装过程中减少化学物质的使用，如图3-27为实木组装的衣帽置物架，工艺灵感来自中国传统的榫卯工艺。这类家具可以通过结构的穿插来完成组装和固定，在生产过程中实现材料的环保性。

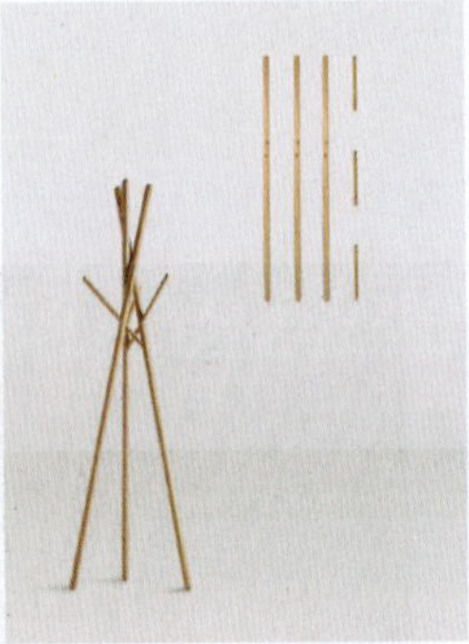

图3-27 榫卯工艺的衣帽置物架

3. 材料的耐用性

耐用性高的材料不仅能延长使用寿命，还能避免频繁更换，从而降低整体资源消耗。实木具有结实耐用的特性，随着时间的推移还会变得更具魅力，如图3-28所示为实木床。实木家具通常被认为更环保，因为它们使用天然材料，且在可持续管理的森林中采伐时可以减少对环境的影响。或者选择使用高质量的陶瓷和玻璃，使用过程中不容易损坏，长期使用可以减少更换频率。

图3-28 实木床

4. 材料的可回收性

选择易于回收或生物降解的材料可以减少对垃圾填埋场的需求。例如选择金属和玻璃这样可以被多次回收的材料，可以减少对原料的需求；还有如麻、羊毛等类似的天然纤维材料，通常会比合成纤维更易降解。

5. 选择环保品牌和产品

选择致力于可持续发展的品牌和产品是另一种有效的方式。这些品牌通常会提供关于材料来源和生产过程的透明信息。选择使用可持续来源的材料，注重环保和实用性，并致力于减少对环境的影响。

二、家居配饰材料的可持续应用

随着环保意识的日益增强，家居设计的可持续性已成为行业发展的重要趋势。在家居空间设计中充分考虑材料的环保性与可持续性，不仅能够创建一个更加美丽和舒适的居住空间，还能为推动可持续发展、保护自然环境贡献自己的力量。

（一）选择绿色环保材料

在家居配饰的选材过程中，绿色环保材料是关键。以下是几种常见的绿色环保材料。

1. 竹制材料

竹子生长迅速，可再生性强，制造过程中的能源消耗较低。竹制家具和装饰品不仅美观耐用，而且符合可持续发展的理念。这些年竹编建筑和家具以竹材料丰富、能够再生利用、节能环保且成本较低、具有较好的抗震性和耐久性等优点，被越来越多的消费者认可。运用竹材可以体现东方之美，充分发挥竹子的力学性能，将建筑与自然完美结合。通过竹材编织的方式，好似将自然空间与我们所处的空间交融，让来访的人仿佛置身在竹材中。

图3-29 竹制建筑

图3-29所示为竹子搭建的建筑。可塑性强的竹子建材被弯曲、组合，编织成错综复杂的

建筑系统。建筑屋顶由密实的茅草覆盖，整体呈现出雕塑般的体量。竹编网格赋予建筑轻盈感，不仅利于空气流通，也进一步增加了自然采光。竹子天然的色调和质地营造了温暖亲切的氛围。

2. 回收材料

利用回收塑料、玻璃或金属制成的配饰能够有效减少资源浪费，并减少对新材料的需求。例如，回收玻璃制作的灯具和装饰品既具有独特的美感，又减少了环境污染。如图3-30所示为使用再生材料做的椅子，椅子Y形框架中的再生铝仅使用了创造新铝所需的5%的材料，节省了成本。

图3-30　再生材料椅子

3. 天然纤维

天然纤维如棉、麻、羊毛和竹纤维等，均来源于植物或动物，具有可再生性，能够在相对较短的时间内生长，而且在生产过程中减少了化学品的使用。天然纤维在使用寿命结束后，能够被自然环境降解，减少对土地填埋场的负担，与合成材料相比，天然材料对环境的影响较小。选择这些材料制作的家居布艺，如窗帘、地毯和抱枕等，使家居环境更加舒适，同时也能调节室内湿度，有助于创造一个健康舒适的居住环境。如图3-31为软木制作的家具，该品牌探索低科技材料和高科技工艺之间的关系，通过使用先进的数字制造工艺，实现了百分之百纯天然、可持续的材料凝聚，让产品传递出一种新式美学。

图3-31 软木家具

（二）设计节能环保的方案

除了选择环保材料，设计节能环保的家居配饰方案同样至关重要。以下是一些实用的建议。

1. 节能照明

选用节能灯替代传统的白炽灯或荧光灯，节能灯不仅能效高，而且寿命长，有助于减少能源消耗和更换频率。通过合理设计光源布局，还可以最大化地利用自然光，减少人工照明需求。

使用智能灯泡比传统灯泡更节能，可以远程控制、调节光亮强度和颜色温度。此外，自动化功能如根据自然光线调整室内照明、运动感应照明只在有人时启动等，都有助于进一步减少不必要的电力使用，大大降低电能消耗。国家能源局的一项研究表明，采用智能家居技术的家庭平均每年可节省10%～15%的能源费用。这意味着不仅能够减轻家庭经济负担，还能为保护地球环境做出贡献。

2. 智能家居系统

智能家居技术正变得越来越流行，不仅因为其便利性和效率，更因为它在节能环保方面的潜力，采用智能家居系统能够提高能源使用效率。

智能控制设备可以通过学习用户的活动模式，在必要时自动优化设置，确保能源使用达到最优化。通过智能设备间的联动控制，用户可以实现更加精细化的能源管理。例如在离家模式下关闭所有非必要电器电源，在无人在家或夜间睡眠时，智能恒温器可以调整空调温度设定值，这些都能进一步节约用电量，有效减少能耗。如图3-32所示为智能餐厅模拟场景，业主可以通过语音操作，完成灯光、音乐、温度、湿度等的调整。

智能窗户可以调整透光性，有助于控制室内温度和光线。在夏天，智能窗户可以减少入射的阳光量，降低空调负荷；冬天则可以增加阳光照射，降低取暖需求。此技术不仅提高了舒适度，也大幅降低了能源消耗。

使用智能电器和插座可以减少待机功耗。很多家电即使在关闭状态下，仍旧消耗电力。智能插座可以遥控开关，减少无用功耗，从而达到节能目的。

图3-32 智能餐厅

3. 多功能设计

在家居空间中，家具的设计应考虑多功能性，比如将储物功能融入家具设计中，既节省空间，又减少了购买额外家具的需求。这种设计不仅能提升空间利用率，也能减少资源消耗。如图3-33所示为一款由白蜡木和毛毡等天然材料制成的多功能椅子，该椅子实际上模仿了“&”符号，这也代表了它的多功能性。当垂直放置时，椅子用作高凳，可以制作一个有趣的酒吧凳；当水平放置时，它可以用作咖啡桌或矮凳。具体取决于它如何放置。当用作咖啡桌时，该椅子能提供充足的存储空间，用来放置杂志、书籍和其他个人物品。

图3-33 多功能椅子

技能训练

家居配饰材质的表达效果与应用场景

训练目标

一、掌握材质特性与表达效果

理解不同材质在家居配饰设计中的视觉效果和触感效果，包括材质的光泽、纹理、颜色等特征。

二、应用场景分析

学会根据不同材质的特性选择适合的应用场景，使材质与空间氛围、功能需求相匹配。

三、材质素材采集与整理

能够有效采集、整理和管理材质样本，为日后设计工作提供参考资料，提升设计的便捷性和专业性。

训练要求

一、材质特性研究

1. 资料查阅

研究常见家居配饰材质的特性，包括但不限于木材、金属、玻璃、陶瓷、织物、皮革等。了解每种材质的基本属性、视觉效果和适用场景。

2. 材质比较

比较不同材质在光泽、纹理、颜色、耐用性等方面的差异，理解它们对设计效果和空间氛围的影响。

二、应用场景分析

1. 场景选择

选择一个或多个家居空间（如客厅、卧室、厨房、浴室等），分析这些空间对材质的需求和适用性。

2. 材质匹配

根据所选空间的功能需求和设计风格，匹配适合的材质，并解释选择理由。考虑因素包括材质的耐久性、维护要求、美观性和舒适度。

三、材质素材采集与整理

1. 素材采集

实地采集不同材质的样本，可以是实物样本、图片或样本卡片。确保所采集的素材能够真实反映材质的特性。

2. 样本记录

为每种材质记录详细信息，包括材质名称、来源、特性描述、颜色样本、纹理样本等。使用标签或数字化的记录方式，以便日后查找。

3. 资料整理

将采集到的材质素材整理成一个易于查阅的资料库，包括物理样本的整理和电子版的归档。设计一个清晰的分类系统，确保信息的高效检索。

四、效果展示与说明

1. 效果展示

制作一个展示板或数字化展示图，展示不同材质的样本及其应用效果。展示内容应包括每种材质在实际应用中的效果示例，如家居配饰、家具细节等。

2. 说明文档撰写

撰写一份说明文档，详细介绍所采集材质的特性、适用场景和设计建议。说明文档应包括材质的视觉效果、触感效果、维护保养信息等。

五、自我评估与反馈

1. 自我评估

对整理后的材质素材进行自我评估，判断其是否全面反映了不同材质的特性，并找出可能的不足之处。

2. 同伴评价

与同学或设计专业人士分享自己的材质采集与整理成果，收集反馈意见，并根据建议进行必要的修改和完善。

通过此技能训练，深入了解各种材质的特性和应用场景，并建立一个系统化的材质资料库，为未来的设计工作奠定坚实的基础。

项目四

家居配饰与室内设计风格

学习目标

知识目标

1. 了解家居空间设计风格的基本特点、历史背景及其主要设计元素。
2. 掌握每种设计风格的核心设计要点，了解不同设计风格之间的异同。
3. 掌握根据室内环境和功能需求选择合适设计风格进行配饰搭配的方法。

技能目标

1. 能够根据不同的室内设计风格，选择和搭配适合的家居配饰。
2. 能够制定符合特定设计风格的家居配饰搭配方案。
3. 能够根据具体需求对设计方案进行调整。

素质目标

1. 通过对新中式风格的学习，理解中华传统文化在现代设计中的重要性，增强民族自信；在设计中融合传统文化元素，传承和发扬中华优秀传统文化。
2. 通过不同设计风格的学习，培养审美能力。

任务一 新中式风格家居配饰

一、新中式风格设计要点

新中式风格诞生于中华传统文化复兴的新时期，伴随着国力增强，民族意识逐渐复苏，人们开始从纷乱的“模仿”和“拷贝”中整理出头绪。在探寻中国设计界的本土意识之初，逐渐成熟的新一代设计队伍和消费市场孕育出含蓄秀美的新中式风格。新中式风格是传统中式风格在现代社会发展下的一种新的风格样式，是传统中式元素在不断革新中的当代设计。

中式元素与现代材质的巧妙融合，明清家具、窗棂、布艺床品相互辉映，再现了移步变景的精妙小品。新中式风格继承明清时期家居理念的精华，将其中的经典元素提炼并加以丰富，同时改变原有空间布局中等级、尊卑等封建思想，给传统家居文化注入了新的气息。在整体家居空间中，新中式风格既保留了中式家居的古典韵味，又符合现代社会的审美需求，如图4-1所示为新中式风格家居空间。

1. 高空间、大进深

在空间特点上，新中式风格保留部分传统中式风格建筑的特点。这些建筑内部高空间、大进深，在空间布局上讲究对称，如图4-2所示为明清时期的宫殿建筑乾清宫，视觉上有气势恢宏、壮丽华贵的效果。

图4-1 新中式风格家居空间

图4-2 乾清宫

然而，受现代建筑形式和房型设计的影响，大部分空间不具备这样的条件，因此在空间设计时应注意隔断和吊顶的布局，避免空间高度过低或空间拥挤局促的情况。如弱化吊顶的层次和高度，尽量营造视野开阔的效果。图4-3所示为新中式风格的客厅空间。

2. 空间层次丰富

传统中式风格非常讲究空间的层次感，这种传统的审美观念在新中式风格空间中又得到了全新的阐释。在需要转移视线的区域，往往使用中式屏风、简洁的窗棂等将空间进行分隔。新中式风格运用简洁的表现手法丰富空间层次，大而不空，厚而不重，有中式韵味又不显压抑，如图4-4所示的半通透屏风在分隔空间的同时减弱压抑感。

图4-3 新中式风格的客厅空间

图4-4 新中式风格半通透屏风

3. 对称美学

在家居空间设计中，新中式风格注重对称美学的运用，强调空间布局的均衡与和谐。空间的整体布局通常采用轴对称的方式，使空间显得端庄、大气。

对称美学在新中式风格中的应用，不仅是视觉上的平衡和秩序感，更是对传统文化传承的体现，象征着和谐、稳定和团圆，符合东方文化中的审美观念和价值取向。通过应用对称美学，新中式风格在家居空间中既能传承传统文化，又能满足现代审美和功能需求，营造一种独特的、典雅的居住环境。如图4-5所示的卧室中，床品和床头柜的摆放呈对称形式，背景墙也可以相互呼应。

图4-5 新中式风格卧室

4. 传统与现代的融合

新中式风格的室内设计是传统中式元素与现代设计理念的完美融合。它不仅保留了传统中式风格的文化底蕴，有着象征地位或美好寓意的装饰元素，还结合了现代简约的设计手法和生活需求，有多功能的空间布局与简化的形式美感，形成一种既有历史感又符合当代审美的独特风格。如图4-6所示，新中式风格客厅展现的现代感与配饰的中式传统气氛完美地结合在一起。

5. 文化艺术氛围

在新中式风格的室内设计中融入中华文化的精髓，使居住空间不仅是生活的场所，更是文化的载体。整体设计营造宁静、雅致的居住氛围，使人感到舒适和放松。在家具的选择上，多选用具有明清风格的家具，如太师椅、罗汉床等。家具造型简洁优雅，雕刻细腻，体现出深厚的文化底蕴。墙面装饰常见书法作品和传统山水画，增添艺术氛围和文化气息。

新中式风格注重营造静谧、雅致的氛围，通过布局、材质和装饰的巧妙搭配，使居住者在快节奏的现代生活中享受一份宁静。书房设计是新中式风格居室中的亮点，如图4-7所示的新中式风格书房，书架、书桌、文房四宝等元素营造浓郁的书香氛围，体现出居住者的文化素养和生活品位。

图4-6　新中式风格客厅

图4-7　新中式风格书房

二、新中式风格设计元素

（一）材质

新中式风格注重传统与现代的结合，材质选择上也体现了这一特点。相较于传统中式风格，新中式风格在选材上更加广泛，既有传统的天然材料，如原木材质、天然石材、丝纱织物等，又有如玻璃、金属、实木板材等现代的人造材质。

1. 天然木材

在家具材料的使用上，新中式风格与传统中式风格一样，会使用大量的天然木材，展现传统东方韵味。但不同的是，新中式风格对木材种类的选择会更广泛，既有如檀木、黄花梨等名贵木材，也有如柚木、榉木等更经济实用的材料。而且与深棕色、红棕色等深色木材（图4-8）相比，浅色木材（图4-9）会更适合新中式风格的家居空间，更符合当代人的审美需求，在视觉上更能表现新中式风格的端庄和雅致。

图4-8　新中式风格中的深色木材

图4-9　新中式风格中的浅色木材

2. 瓷砖

新中式风格的空间中常使用瓷砖，选择能够表现中华传统文化色彩和纹理的图案，如青花瓷砖、山水纹理瓷砖、仿石材或木材瓷砖等，用于地面、墙面等的装饰。如图4-10所示，地面选择蓝金沙大理石拼接，淡雅的蓝色和尊贵的金色营造了新中式风格精致典雅的氛围。

图4-10　蓝金沙大理石拼接地面

3. 石材

新中式风格中也会大面积地使用玉石、大理石、砖石等高档石材，常用于地面、台面、装饰墙面等，赋予空间稳重厚重的质感。如图4-11所示，墙面采用复古的砖石做铺贴，为空间营造古朴自然的氛围，回字纹的装饰图案更加突显新中式风格的特点。

4. 实木板材

实木板材是由实木锯材通过二次加工形成的实木类材料，常由数块实木板条通过一定的拼接方法拼合而成，主要有指接材、集成材等。在新中式风格的家居空间中，实木板材可以在墙面做装饰，也可以用作柜体柜门，营造典雅温和的中式氛围。如图4-12所示，桦木胶合板做墙面装饰，展现出新中式风格的现代感。

图4-11　复古砖石墙面

图4-12　桦木胶合板墙面

5. 现代材质

在新中式风格的家居空间中，也会选择玻璃、金属、大理石石材、墙纸等现代材料。新中式风格是现代社会环境下传统中式风格的演变，因此在设计时要保留中式风格高贵华丽、庄重典雅的特点，注重材料的质感。如图4-13所示，金属边框和具有花纹的大理石等现代材质的应用营造了新中式风格的现代感。

图4-13　现代材质的应用

（二）色彩

新中式风格的色彩讲究和谐自然，配色数量不宜过多，色彩的搭配通常以自然、典雅、柔和为主，注重营造温馨舒适的氛围，同时展现东方传统文化的魅力。

1. 淡雅色系

淡雅色系是指中国画水墨色调的高雅色系，以米白色、米黄色、淡灰色、米褐色等为背景色。这些色彩代表着大自然的温和与安宁，为空间增添了一份宁静与舒适。淡雅色系点缀深棕色的家具，营造沉稳含蓄的典雅之感。如图4-14所示，空间中米色、黑色与木色的搭配，营造淡然闲适的居室氛围。

2. 浓郁色系

浓郁色系以纯度较高的中国传统色彩为主体，如深红色、松绿色、中黄色、藏蓝色等，营造古典华丽的贵族气息。如图4-15所示，背景墙的钴蓝和金色描边的搭配，描绘出浓郁的中式艺术气息。

图4-14　淡雅色系

图4-15　浓郁色系

（三）家具

新中式风格的家具摒弃了传统中式风格中繁杂厚重的家具样式，取而代之的是简化的造型和流畅轻盈的框架。通常运用现代的工艺和材质演绎中华传统文化，弱化传统中式风格的沉闷感，但保留传统文化的神韵。这使家具不仅具有明清时期家具的古朴典雅，又有鲜明的时尚感。

1. 线条简练的中式家具

新中式风格家具保留传统中式家具的意韵，融合现代材料，以简化的表达方式展现中华文化。家具在材质、工艺和设计上都注重细节，既有美观的装饰效果，又具有实用性，体现了新中式风格的独特魅力。如图4-16所示为新中式风格的双人床，床架使用实木材质，木材纹理清晰自然，床头柜也是同材质的配套设计。

图4-16 新中式风格双人床

2. 餐椅

新中式风格中的餐椅保留部分传统的造型，弱化雕花与复杂的结构，加入布艺织物等元素，提升使用的舒适性，更符合现代人的生活方式。如图4-17所示的新中式风格餐椅为简化的餐椅造型，既有传统的历史美感，又符合现代人的审美和使用需求。

3. 案几

案几是一种传统中式家具，用在书房、客厅等空间中，通常用于摆放书籍、文房四宝、装饰品等，如图4-18所示。新中式风格的案几保留了传统的形制，但在设计上更加简洁、现代，有时也会搭配大理石或玻璃材质，以增加现代感。案几台面宽大平整，适合摆放各种物品，底部结构稳固，有时会有横撑或支撑板，以增加稳定性。

图4-17 新中式风格餐椅

图4-18 新中式风格案几

4. 茶台

茶台在新中式风格中是一件既具功能性又富有美感的家具，专门用于品茶活动，常见于客厅、茶室等区域，如图4-19所示。茶台造型简洁实用，多为方形或圆形设计。茶台台面设计合理，通常分为不同区域，用于放置茶具、茶壶、茶杯等。有时设计有排水系统，方便泡茶时的水处理。

图4-19 新中式风格茶台

（四）装饰

在装饰品的选择上，新中式风格的家居空间与传统中式风格差异不大，注重体现庄重雅致的东方神韵。在摆放方式上，装饰品常以对称或并列的形式存在，或者按大小比例摆放出层次感，以营造和谐统一的生活气息。

1. 漏窗

漏窗是窗洞内有漏空图案的窗，是中国园林墙上的一种装饰，如图4-20所示，如今被广泛运用在新中式风格空间中。漏窗一般用于封闭的小视距空间，可以避免小空间的闭塞感，增加空间层次，做到小中见大。

图4-20 圆形漏窗

漏窗作为窗的一种，起通风、采光的作用；此外，漏窗又有透景的作用。透过漏窗观景，介于幽旷之间，若隐若现，露而不尽，优雅含蓄，韵味无穷。可望而不可即，正所谓“犹抱琵琶半遮面”，一步一景、移步换景，彰显妙韵天成的意境之美。通过“藏”“隐”的方式扩大空间意境，虚实相生，自然皆成妙境。

沿袭古人的审美惯性，圆形的漏窗造型最多。“圆”蕴含着很多幸福吉祥的寓意，比如团圆、圆满、和谐、美满等。当然漏窗的造型不止一种，题材多托物言志、迁想妙得，取象征吉祥或风雅的动植物，比如梅花形、宝瓶形、月牙形以及扇形等都是比较常见的做法。漏窗的造型常被用在追求简洁造型的新中式风格空间中，如图4-21所示为漏窗造型在餐厅空间中的应用。

2. 屏风

新中式风格的屏风结合现代材质和工艺，设计简约，以直线和流畅曲线居多，但保留中式元素，如祥云、回字纹等镂空花纹和雕刻图案。中式美学追求留白，屏风作为空间的主体，其垂直简洁的线条呈现出雅致与高洁之感，剩余空间留给意境自我衍生。图4-22所示为斜方格纹样式的新中式风格屏风。

图4-21　餐厅漏窗造型

图4-22　新中式风格屏风

3. 花艺

新中式风格的花艺注重营造优雅的意境，追求绘画式的构图，如图4-23所示。花材的选择以枝干修长、叶片飘逸、花小色淡、寓意美好的种类为主，如松、竹、玉兰、梅花、柳枝、菖蒲、鸢尾等，创造悠然闲适的文人意趣。

图4-23　新中式风格花艺

4. 装饰画

新中式风格中的装饰画大致有两种：一种是古朴的传统工笔画，泛黄的宣纸和流畅的线条勾勒出唯美诗意，如图4-24所示；另一种是抽象的概念装饰画，氤氲柔和的水墨效果更好地与现代的空间融合，为空间增添自由奔放的写意效果，如图4-25所示为有中式韵味的抽象图案装饰画。

图4-24 传统工笔画

5. 香炉摆件

在新中式风格的软装设计中，香炉是一种常见的装饰元素，如图4-26所示。它不仅具有实用性，还能增添空间的文化氛围和艺术感，具有浓厚的历史文化底蕴。

新中式风格的香炉摆件造型多样，常见的有古典的宝塔形、简约的圆形或方形，也有仿古的龙凤纹样等。既有传统的中式元素，又融入了现代审美。铜制或陶瓷香炉摆放在书房或客厅，不仅可以用作装饰，还能用来燃烧香薰，增加空间的雅致氛围。

6. 灯具

灯具是新中式风格中非常重要的配饰之一。具有传统中式风格的宫灯，灯罩多用纸或丝绸材质，灯身雕有精美花纹。台灯底座选用木材、陶瓷等材质，设计简洁大方，如图4-27所示的台灯底座为陶瓷材质，灯罩则选择具有中式纹样的布艺材质。吊灯通常结合现代与传统设计，用木质框架和丝绸灯罩，灯光柔和，营造温馨氛围。

图4-25 抽象图案装饰画

图4-26 新中式风格香炉

图4-27 新中式风格台灯

任务二　新古典主义风格家居配饰

一、新古典主义风格设计要点

图4-28　传统欧式风格的无忧宫

新古典主义的室内设计风格其实是经过改良的古典主义风格，也是对传统欧式风格（图4-28）的颠覆。新古典主义风格摒弃了传统欧式风格过于复杂的肌理和装饰，简化了曲折婉转的线条，将古典主义元素与现代设计理念相结合，营造典雅、华丽的氛围。从简单到繁杂、从整体到局部，精雕细琢，镶金刻花都给人一丝不苟的印象。新古典主义风格保留了古典主义风格的材质和色彩，将复古的浪漫情怀与现代人的生活方式相结合，兼容典雅尊贵与现代时尚。

新古典主义风格不是对古典主义风格的颠覆，而是对古希腊、古罗马时期艺术的模仿，以重振古希腊、古罗马的艺术为信念。它摒弃了巴洛克风格的奢靡和洛可可风格的烦冗，将庄重的历史文化元素凝练到现代建筑中。新古典主义风格用简化手法、现代新材料和先进的工艺技术去探究传统的内涵，以古典的装饰来增强历史文化底蕴。

图4-29　新古典主义风格

新古典主义风格的室内设计去芜存菁，保留路易十四风格的线条，去除线条上过多的繁杂装饰；保留细节，却又不用过多的细节堆杂以至于失去重点；保留镶金刻花，却又不是满眼金晃晃的让人眼拙，如图4-29所示。新古典主义风格更注重对古典文化和艺术的崇尚，以及对对称、比例和秩序的追求。这种保留了材质、色彩、风格，摒弃了过于复杂的线条、装饰、肌理，却没有丢失性格，仍然可以让人强烈感受到传统历史痕迹和浑厚文化底蕴的，便是完美折中主义的新古典主义风格。

1. 对称性

新古典主义风格注重古典艺术形式的完整和雕刻般的造型，注重对称和平衡，因此室内设计常采用对称布局，在视觉上营造平衡与稳定的效果。如图4-30所示的空间中对称摆放的家具和对称搭配的装饰品。对称布局不仅能够增强空间的稳定感，还能够体现出空间的庄重、典雅与和谐。

图4-30　对称摆放的配饰

2. 古典柱式

新古典主义风格常使用古希腊和古罗马柱式来支撑建筑物的结构或将其作为装饰性元素，如图4-31所示为科林斯柱式。在家居空间中大部分会以简化的柱式造型做装饰，或使用柱身上凹圆槽的样式来表现古典的雕刻感，如图4-32所示，墙面的壁炉以及房间的垭口都是罗马柱的样式。

3. 优雅的曲线

新古典主义风格常运用优美的曲线，如弧形、圆形等，来赋予空间柔和的氛围，增添浪漫和优雅感。这些曲线不仅体现在家具的设计上，还可以出现在装饰品、窗帘等部分。如图4-33所示的楼梯扶手的曲线造型以及扶手上螺旋的雕刻造型，为空间注入了优雅柔美的气氛。

图4-31　科林斯柱式

图4-32　罗马柱样式的壁炉和垭口

图4-33　曲线造型楼梯扶手

4. 圆拱造型

新古典主义风格中常见的圆拱造型来源于古罗马建筑的拱券，半圆形的拱券为古罗马建筑的重要特征。圆拱是简单形式和体积重量的完美结合，这种连续弯曲的形式和柔滑的线条，被很多文明赋予不朽的意义。如图4-34所示，房间窗口的圆拱造型极具复古感。

图4-34　圆拱造型窗口

5. 石膏浮雕装饰

在新古典主义风格的家居空间中，墙面或顶面转折处经常出现浅浮雕和石膏雕塑，其题材主要是历史和神话，也会有抽象主题或花鸟植物。石膏雕塑在空间中主要作为配饰，浅浮雕可以作为墙面、天花板、柱子、门窗、壁炉等位置的装饰，塑造精美的雕刻艺术和浮雕效果可以为空间营造优雅华丽的古典氛围。如图4-35所示，墙面是石膏的浮雕装饰造型。

6. 鱼骨拼

鱼骨拼或人字拼是新古典主义风格中常见的一种铺设方式，这种拼接方式以鱼骨形或人字形的样式呈现，将木质地板或瓷砖等材料以交错的角度拼接，形成一种美观且经典的图案。这种地板拼接方式符合新古典主义风格简洁、对称和高雅的特点，为室内空间增添了一份古典与现代的融合之美。如图4-36所示地面为地板和地砖的鱼骨拼组合，给人复古优雅的视觉感受。

图4-35　石膏浮雕装饰造型墙面

图4-36　鱼骨拼地板和地砖

二、新古典主义风格设计元素

（一）材质

新古典主义风格的室内设计通常采用一些高贵典雅、质感上乘的材质，以体现其奢华和精致的特点。

1. 大理石

在新古典主义风格的室内设计中，大理石是一种常见且重要的材质。大理石具有高贵典雅和厚重的特性，与新古典主义风格的简洁、对称、高雅相得益彰。在室内设计中，大理石通常用于地板、台面、柱子、壁面等部位，为空间增添一种高贵典雅的氛围，彰显出品位与奢华。如图4-37所示的浴室空间，自由纹理的大理石材质铺装为空间增添了高贵与庄重的质感。

2. 石膏

在新古典主义风格的软装设计中，石膏材质常被用于装饰元素的制作，其优雅、精致的特点为空间增添了一份古典与优雅的氛围。在天花板、墙面、门窗等位置使用石膏线条进行装饰，可以增强空间的立体感和层次感。

常见的石膏线条通常都带有古典风格的雕花图案或者卷草花纹，体现了新古典主义风格的特点。在空间中还会制作各种形状和大小的石膏雕塑和挂件，如石膏塑像、雕花壁板、浮雕壁画等，用于装饰墙面，具有古典主题的图案或者人物造型，能够为空间增添一份艺术气息。如图4-38所示，空间顶部的石膏浮雕将优雅与精致展现得淋漓尽致。

图4-37 自由纹理的大理石材质

图4-38 空间顶部的石膏浮雕

3. 丝绒布料

新古典主义风格的室内配饰常使用丝绸和绒布等高贵的织物材料，用于窗帘、靠垫、抱枕等。这些织物材料常具有精美的图案和柔软的质感。丝绒布料具有典雅、高贵的特点，与新古典主义风格相得益彰，营造华丽而舒适的空间氛围。

丝绒布料在光线的照射下会呈现迷人的光泽，增加空间的质感和温暖感，同时也突显房间的高贵品位。选择暗色系的丝绒布料可以更好地彰显新古典主义风格的深沉和厚重，而浅色系的丝绒布料则更适合营造清新、明亮的氛围。如图4-39所示，丝绒质感的沙发和窗帘能够为空间增添奢华感和品质感。

4. 水晶

水晶材质具有良好的透光性，使得光线可以穿透并散射，呈现出独特的光学效果。在新古典主义风格的室内设计中常会使用水晶吊灯，这种吊灯融合古典主义的设计元素和设计手法，如简洁线条、对称平衡等。在家居空间中，水晶制品可以营造通透的光泽感，水晶材质的吊灯、镜框、烛台、酒杯和餐具等可以为空间增添奢华高贵的氛围。如图4-40所示，水晶吊灯在新古典主义风格的空间里，展现了闪亮和高贵的视觉效果。

图4-39 丝绒质感的沙发和窗帘

图4-40 水晶吊灯

5. 金属装饰

新古典主义风格常运用金属装饰，如黄铜、铁艺等。这些金属装饰常具有精美的雕刻和铸造工艺，能够为空间增添精致感和典雅感。

铜是一种具有悠久历史的材料，其在家居配饰中的运用能够为空间增添历史的沉淀感，让空间更具文化底蕴。铜的质感和光泽具有一定的奢华感和高贵感，家居空间中的铜配饰采用传统的造型和工艺，如古典的花纹、雕刻等，让人仿佛置身于历史悠久的古典氛围之中。如图4-41所示，黄铜材质的金属配饰既有高贵的奢华感，又有古典的力量感。

6. 皮革

皮革常用于沙发、椅子、床等家具的表面装饰，其光滑、柔软的质感和经典的纹理设计使家具更显高贵与典雅，为空间增添一份奢华与舒适。如图4-42所示，真皮沙发透露着尊贵的质感。

图4-41 黄铜材质的金属配饰

图4-42 真皮沙发

（二）色彩

新古典主义风格的色彩搭配注重色调的深邃和内涵，以经典、高贵、典雅为主题，通过合理搭配不同的色彩，营造具有品位和艺术感的室内环境。

1. 经典的白色与金色

新古典主义风格多选用浅色调，以与古典欧式风格浓郁色彩带来的庄重感相区分。白色作为主色调，体现了空间的明亮与宽敞感，在新古典主义风格的室内空间中营造优雅效果，力求呈现出一种开放、宽容的非凡气度。而金色则作为点缀色，赋予空间高贵与典雅的氛围，常用于家具、装饰品等细节部分。如图4-43所示，白色为背景色、金色为点

图4-43 白色与金色搭配

缀色的配色是新古典主义风格中最经典的色彩搭配形式。

图4-44 灰色与银色搭配

2. 雅致的灰色与银色

灰色是新古典主义风格中常见的中性色，既稳重又不失优雅，常用于墙面、家具等大面积区域。而银色则作为点缀色，给空间增添亮点与层次感。如图4-44所示，灰色与银色的色彩搭配形式十分理性，更能表现新古典主义风格所追求的力量感和庄重感。

3. 柔和的米色与古铜色

米色给人以温暖、舒适的感觉，适用于墙面、地面等大面积区域。柔和的米色墙面给人一种拥抱阳光的暖意，也有一种时光沉淀的历史感。如图4-45所示，米色作为空间中的背景色，古铜色则作为点缀色，赋予了空间一份古典与稳重的气质。

4. 典雅的墨绿色与金色

绿色象征着生机与活力，墨绿色也有复古优雅的视觉效果。而金色则作为点缀色，增添奢华与高贵的气质。如图4-46所示，墨绿色的布艺与金色的金属碰撞出复古、高级的质感。

图4-45 米色与古铜色搭配

图4-46 墨绿色与金色搭配

（三）家具

新古典主义风格的家具样式受到古罗马时期审美的影响，在这些家具中，常可以看到古希腊和古罗马的建筑、雕塑与装饰元素被重新诠释和应用，这种风格被认为是对古典时代审美和文化传统的回归和再现。

新古典主义风格家具去繁从简，注重线条的简洁与流畅，摒弃过于复杂的装饰。每一件家具都经过精心设计，既有古典主义的典雅，又不失现代简约的时尚感，仿佛在诉说着一个古老的故事。

1. 新古典主义风格家具造型

有些新古典主义风格家具的腿部造型借鉴类似古罗马柱的造型，运用较多直线造型，并且还带有很多凹槽，在家具的边角处会有铜鎏金的装饰，相较于路易十五时期的家具造型更加洗练劲挺，更具一种严肃的感觉。如图4-47所示的家具有桃花心木的拼接工艺和细木镶嵌，顶面为法国的大理石台面。

图4-47 新古典主义风格家具造型

2. 新古典主义风格沙发

新古典主义风格的沙发中，比较典型的有切斯特菲尔德沙发。它是一种起源于英国的具有标志性风格的贵族沙发，后来也被称为拉扣沙发，其特点是有等高的扶手和靠背、经典的拉扣设计以及流畅的曲线造型。低矮的靠背、较浅的进深在于约束绅士们的坐姿，以保持优雅姿态；饱满的拉扣则最大限度地避免了衣服和沙发接触时产生褶皱。如图4-48所示，切斯特菲尔德沙发的拉扣和丝绒材质的碰撞，有一种浓郁的复古韵味。而拉扣自带设计造型的特征，又让它能很好地融入现代简约的格调中，形成反差美。

图4-48 切斯特菲尔德沙发

3. 简化的欧式家具

新古典主义风格的家具多采用向下部逐渐变细的直线腿，点缀希腊的精美镶嵌和镀金工艺。座椅上一般装有软垫和软扶手，椅靠多为矩形、卵形和圆形，上半部有雕饰。如图4–49所示，白色的木质框架与丝绒材质的结合，构成造型简化的新古典主义风格餐椅。

图4–49　新古典主义风格餐椅

（四）装饰

新古典主义风格的室内装饰注重典雅、高贵、精致的氛围，常运用一些经典的装饰元素。

1. 雕刻艺术品

在新古典主义风格的室内装饰中，常会使用雕刻精致的艺术品，如古典雕塑、浮雕墙面装饰等。这些雕刻艺术品可以是古希腊、古罗马风格的神话人物和英雄人物，或者是古典欧洲风格的植物、动物等，其以精湛的工艺和典雅的造型为空间增添了一份艺术气息，如图4–50所示。

2. 壁炉

新古典主义风格的壁炉常体现出古典和庄严的特点，其以精致的雕刻、大理石材质、典雅的造型、金属装饰和壁炉屏风等特点，为空间增添了一份高贵的气质。如图4–51所示，石材壁炉为空间增添古典感。

图4–50　雕刻艺术品

图4–51　石材壁炉

3. 金色装饰

新古典主义风格的室内配饰常使用黄铜等金色配饰，如吊灯、壁灯、装饰品等。这些装饰品常具有精致的雕花图案和高贵的光泽，为空间增添奢华感。如图4–52所示，金色边框的镜子提升了空间的复古感和高级感。

图4–52　金色边框镜子

任务三　现代风格家居配饰

一、现代风格设计要点

现代风格即现代主义（功能主义）风格，是工业社会的产物，起源于1919年德国魏玛的包豪斯学校，如图4–53所示为包豪斯学校的现代风格建筑。由路易斯·沙利文（Louis Sullivan）所提出的“形式追随功能（Form follows function）”理论提倡，与其过分追逐浮夸装饰设计，设计师们更应该注重功能上的实用与简洁，从而将组件与模块的概念运用在了工业与建筑设计中。路德维希·密斯·凡德罗（Ludwig Mies Van der Rohe）提出“少即是多（Less is more）”的设计理念，以简约精练代替繁复奢华。

图4–53　包豪斯学校现代风格建筑

现代主义提倡突破传统，创造革新，重视功能和空间组织，注重发挥结构本身的形式美，造型简洁，反对多余装饰，崇尚合理的构成工艺；尊重材料的特性，讲究材料自身的

图4-54　巴塞罗那国际博览会德国馆

质地和色彩的配置效果；强调设计与工业生产的联系。如图4-54所示为路德维希·密斯·凡德罗设计的巴塞罗那国际博览会德国馆。

伴随着工业革命的发展和科技的进步，为满足中产阶级日益增长的生活需求，家庭中的配饰变得更为实用，线条造型更简洁，还运用了许多新颖的材料。现代风格具有时代特色，其配饰体现功能性和理性，在简单的设计中也可以感受到个性前卫的构思。如今，现代风格因其简约的品质、重视功能的设计，最符合现代人的生活需求。

1. 简洁的线条和几何形状

现代风格强调用简洁的线条和几何形状表现现代的功能美，如直线、流畅的曲线和方形等。造型方面多采用几何结构，家具和配饰通常具有清晰的轮廓和简洁的外观。不需要烦琐的修饰和过多家具，最大限度地体现空间与家具的整体协调。如图4-55所示的现代风格空间中，室内的结构和装饰造型为简洁的直线条。

2. 开放式空间

现代风格倡导开放式室内空间设计，强调流畅的布局和通透感。打造现代风格，一定要整理好空间中的线条，整合垂直与水平线条，不做无用的装饰，呈现干净利落的线条感。通常采用少量的隔断或者无隔断的设计，使得空间显得更加宽敞和顺畅，视觉延伸不受阻碍。

开放式空间设计通常将客厅、餐厅、厨房等功能区域融为一体，无论房间多大，一定要显得宽敞，使家庭成员在空间中可以更加自由地交流和活动。如图4-56所示的开敞的公共活动空间中，没有过多的封闭隔断，空间中流通感强，给人流畅、松弛的视觉感受。

图4-55　简洁的直线条结构和装饰造型

图4-56　开敞的公共活动空间

3. 自然光和采光

现代风格注重自然光的利用和室内采光的设计，它们直接影响室内环境的舒适性和视觉效果。

在室内设计中，应充分利用自然光，尽量使阳光能够充分照射到室内，从而提升空间的明亮度和舒适度。合理的采光设计也可以提升空间采光效率，大面积的窗户、玻璃墙和天窗常见于现代风格的建筑中，以增加室内的明亮度和通透感。如图4-57所示的居室空间中，大面积的落地窗为空间提供了良好的自然光线，极大地提升了空间的舒适度。

图4-57 大面积落地窗提供良好的自然光线

4. 功能性和实用性

现代风格强调家具和配饰的功能性和实用性，注重人们的生活方式和需求。每个区域都被设计有明确的功能，使得空间充分利用，并且符合居住者的生活习惯和需求。

家具设计简洁实用，常具有多功能性。例如，可以设计嵌入式储物空间、可折叠的家具、活动隔断等，以满足不同场景下的使用需求。如图4-58所示的整合橱柜，起到隐藏承重柱和分隔空间的功能；柜体上的镜子更具实用性，起到扩大空间的效果。

图4-58 整合橱柜

5. 创新和科技元素

现代风格常融入创新和科技元素以提升居住体验和生活品质，通过智能化的设备和技术实现对室内环境的智能控制。例如使用智能温控系统可以实现对室内温度的精准控制，智能安防系统可以实时监控室内安全状况，提高居住者的生活品质和安全感。如图4-59所示为智能灯光设计，其将光与结构融合，达到了一种和谐的交融，既不会显得突兀又呈现出一种相得益彰的效果。同时，也可以通过科

图4-59 智能灯光设计

技元素实现对室内空间功能性和美观性的提升，如可调节高度的办公桌、可变形的沙发床、智能化的储物柜等，为居住者提供更加便利和舒适的使用体验。

现代风格的设计常注重可持续发展和环保理念，采用环保材料和节能设备，减少资源消耗和环境污染。例如可以使用可再生材料、太阳能发电系统和水循环系统，实现对能源和资源的有效利用，降低室内环境的碳排放和能源消耗。

6. 个性化定制和个性化配饰

现代风格鼓励个性化的装饰风格，注重对空间的个性化定制和个性化配饰的使用，体现出个人独特的生活方式和品位。现代风格通过艺术品、个性化家具、色彩搭配、家居配饰、灯具设计、艺术墙面和装饰墙等手段来展现，为空间增添一份艺术氛围和个性魅力。如图4-60所示的改造住宅内，将彩色的金属梁和橡木纤维板相结合，明亮的色彩和裸露的材质营造独特的艺术美感。

图4-60　彩色金属梁和橡木纤维板结合的个性化装饰

二、现代风格设计元素

（一）材质

现代风格在选材上不再局限于石材、木材等天然材料，而是将范围扩大到金属、混凝土、玻璃、塑料以及合成材料，注重材料的工业感和现代感。现代风格选用材料充分发挥材料的质感与性能，注重环保和材质之间的和谐与互补。木质家具的天然纹理、金属表面的光泽和混凝土的质感等都是现代风格最常用的装饰素材。

1. 混凝土

混凝土是现代风格建筑及室内空间经常使用的材料之一，它呈现的质感和肌理效果是极其独特的。如图4-61所示，墙面的混凝土材质展现了工业时代的肌理特征，以及简洁、几何、富有生命力的艺术效果。

图4-61　混凝土材质墙面

2. 金属

金属材质常被用于现代风格设计中，其光滑、冷静的质感能够营造现代感和科技感，使空间显得清爽整洁。镀金或镀银的金属材质常被用于现代风格的家具或配饰上，增加空间的奢华感。如图4-62所示为黄色金属拉丝饰面，包裹住保留下来的承重墙体。

3. 塑料

塑料的出现标志着材料科学的革命性进步，现代风格的家居空间里一定少不了塑料材质的存在。如图4-63所示，塑料材质的配饰可以呈现更活泼更跳跃的艺术效果。

图4-62 黄色金属拉丝饰面

图4-63 塑料材质配饰

4. 玻璃

在现代风格空间中，玻璃的使用能为空间增加清透的视觉感，借此放大空间的尺度，常见的如钢化玻璃、长虹玻璃、雕花玻璃、烤漆玻璃等。如图4-64所示，将楼梯扶手设计成透明玻璃材质，增加了极简的现代感，又增强了空间的开阔感。

图4-64 透明玻璃材质的楼梯扶手

5. 人造板材

人造板材在现代风格的室内设计中被广泛应用，新技术和新材料的合理应用是至关重要的一个环节，在人与空间的组合中反映流行与时尚才更能够代表多变的现代生活。如图4-65所示，空间通过胶合板统一起来。

图4-65 胶合板将空间统一

（二）色彩

现代风格家居空间的配色通常强调简洁、纯粹和舒适，以中性色调为主，搭配少量的明亮色彩或金属色，以增加视觉冲击力。

1. 黑、白、灰配色

黑、白、灰是现代风格中最经典的配色组合。黑色和白色对比鲜明，灰色则可以起到中和的作用，使整体色调更加平衡。现代风格常用无彩色和中性色做空间中的主体色，同时通过色彩对比增加空间的层次感和视觉效果。如图4-66所示，空间的整体配色为最经典的黑、白、灰配色方式。

图4-66 黑、白、灰配色

现代风格通过调整黑、白、灰在空间中所占的比例，营造不同的视觉效果。当空间中白色所占比例大时，呈现出干净、明亮、雅致的视觉效果，如图4-67所示；当黑色为空间的主导色时，呈现出沉稳、高级、严肃的视觉效果，如图4-68所示。

图4-67 白色为主导色

图4-68 黑色为主导色

2. 高纯度色彩

在现代风格的空间中，高纯度色彩的穿插运用显得大胆灵活但不会凌乱，这不单是对现代风格的遵循，也是个性的展示。如图4-69所示，整个客厅以黑、白、灰为主体色，黑色皮质沙发的光泽感突显品质，银色的不锈钢金属结构勾勒出力量感；经典的红、黄、蓝三种纯色张扬而不夸张，点缀出现代风格的设计美感，也使家居环境尽显时尚与活泼；造型简单的饰品因其纯净的色彩也使空间多了几分时尚元素。

图4-69 高纯度色彩的运用

（三）家具

1. 简洁清晰的线条

现代风格的家具注重简洁清晰的线条，强调几何形状和结构感。常见的线条包括直线、曲线和弧线，简约而不失美感。如图4-70所示的家具结构以直线为主，灯具也使用直线的结构组合排列成有规律的节奏。

2. 功能性和实用性

现代风格的家具注重功能性和实用性，设计上考虑到居住者的生活需求和使用习惯。家具常具有多功能性，如储物功能、可调节功能等，以满足不同的使用场景和需求。如图4-71所示，可滑动的柜体既起到分隔空间的作用，又能实现小空间的收纳功能。

3. 创新的设计

现代风格的家具设计常具有创新性和前瞻性，不拘泥于传统的形式和风格，大胆尝试新的设计理念和技术应用，以突破传统的束缚，创造出更具个性和时尚感的作品。如图4-72所示，树形工作台和曲线实现了物品的有效收纳，并提供了自由个性的沉浸空间。

图4-70 简洁的线条

图4-71 可滑动柜体

图4-72 树形工作台和曲线创造的空间

4. 舒适性和人性化

尽管强调简洁和实用，但现代风格的家具也注重舒适性和人性化设计，考虑到人体工程学和舒适性原则，使家具更符合人们的生活习惯和体验感受。如图4-73所示为设计大师马歇尔·拉尤斯·布劳耶（Marcel Lajos Breuer）于1925年设计的世界上第一把钢管皮革椅——瓦西里椅。

图4-73 瓦西里椅

（四）装饰

1. 流线型灯具

现代风格的灯具设计简洁，线条流畅，通常采用金属、玻璃等材质制作。常见的现代风格灯具包括吊灯、台灯、壁灯等。如图4-74所示，自由曲线的灯具可以营造现代感十足的光影效果。

图4-74　现代风格自由曲线的灯具

2. 抽象艺术品

抽象艺术品是现代风格装饰中常见的元素之一，其简洁的线条和形状、鲜艳的色彩能够给空间增添现代感和艺术氛围。常见的抽象艺术品包括绘画、雕塑、装置艺术等。如图4-75所示，墙面绘画以抽象的形式展现，没有确切主题的表达，而是用概括的色彩和模糊的形态进行装饰。

3. 极简主义装饰品

现代风格的装饰品注重简约、干净的设计风格，通常以几何形状、简单线条为主。常见的现代装饰品包括简约的花瓶、摆件、装饰画等。如图4-76所示，不锈钢材质的悬挂装饰品在空间中起到点睛的作用。

图4-75　现代风格墙面抽象艺术品

图4-76　现代风格不锈钢材质装饰品

任务四 北欧风格家居配饰

一、北欧风格设计要点

图4-77 北欧风格家居空间

北欧风格又称斯堪的纳维亚风格，是指发源于20世纪50年代丹麦、瑞典、挪威、芬兰和冰岛五国的设计风格，是一种兼具设计的实用功能和人文因素且富有人性、个性和人情味的现代美学风尚。其特点是干净、极简主义、人性化、稳定舒适和实用。如图4-77所示为北欧风格的家居空间，相较于现代风格而言，北欧风格更注重营造自然、舒适、温馨的氛围，强调与自然的联系和对光线的利用，追求简洁、明亮、舒适的室内环境。

北欧风格大致分两种：一种是充满极简造型和线条的现代风格；另一种是崇尚自然、乡间质朴的自然风格。北欧风格的设计更注重以人为本，如消除残障人士在生活上的不便，为其提供便捷的人性设计。

1. 人本主义

图4-78 蚂蚁椅

北欧风格的人本主义体现在设计富有人情味，它区别于现代主义缺乏人性化的直线与几何设计的功能主义和理性主义，更多采用流畅的线条和有机形态，设计出来的物品没有突兀的感觉，给人以舒适感和趣味性。如图4-78所示为北欧风格经典的餐椅——蚂蚁椅，其流畅的线条和贴合人体结构的造型更便于日常使用。

2. 简约流畅

北欧风格设计柔化了冷酷的几何样式，多运用S形曲线或波浪线等有机形式，造型多变且富有设计感。如图4-79所示，北欧风格的空间、家具以及配饰注重简约、清爽和功能性，追求简单而精致的设计理念。

图4-79 北欧风格简约的造型

3. 注重留白

在北欧风格的设计中，不管是平面设计，还是室内设计，留白都是重要的视觉规律。北欧风格通过留白来突出作品的空间对比和层次感，释放和延伸人们的视觉效果。如图4-80所示，空间墙面及吊顶大面积留白，营造了干净明亮的效果。

4. 自然光线

北欧地区冬季漫长，因此充分利用自然光是北欧风格的重要特点。设计通常采用大面积的窗户和淡雅的色彩，以提高空间的明亮度和通透感。如图4-81所示，北欧风格的空间设计注重对自然光源的保留和运用。

图4-80 空间墙面及吊顶大面积留白

图4-81 保留和运用自然光源

5. 崇尚自然氛围

北欧的人们热爱大自然，强调舒适与和谐，因此设计中常可以看到与自然相关的元素，如植物、动物图案等，以增强与自然的联系；通过使用柔软的家具、舒适的地毯和装饰枕头等，营造温暖宜人的居住环境。如图4-82所示，家具及配饰的材质以棉麻、毛皮、木材等天然材料为主。

图4-82 天然材料的家具及配饰

二、北欧风格设计元素

（一）材质

北欧风格在材质的选择上更加多样，不同于现代风格常用钢铁、不锈钢等材质，皮毛和木材等自然材质才是北欧风格最主要的选择，以营造舒适、温暖的氛围。这些材料通常保持原始的质感和色彩。此外，北欧风格的设计还会尝试和使用新材质，如高密度玻璃、塑料和铝等。

图4-83　原木房梁

1. 原木

北欧风格以原木为主要材质之一，室内可见原木制成的梁、檩、椽等建筑构件。常见的原木有橡木、松木、枫木等，基本上都未经精细加工，最大限度地保留了木材的原始色彩和质感，其天然纹理和色彩能够营造温暖、舒适的氛围。北欧风格的地板多采用原木地板或淡色木质地板，以营造自然、温馨的氛围。如图4-83所示，空间中使用原木材料制作房梁。

图4-84　羊毛地毯

2. 皮革和毛皮

由于北欧地区气候寒冷，皮革和毛皮常被用来制作地毯、靠垫等家居用品，为空间增添了一份温暖和舒适。牛皮、羊皮等皮革家具或装饰品通常具有高级质感和舒适感，更添奢华感和温馨感。如图4-84所示，羊毛地毯在空间中起到装饰作用，结合红砖使用更添温暖感。

图4-85　棉麻床品

3. 麻布和棉布

北欧风格喜欢使用天然的麻布和棉布材质，这些材料质地柔软，透气性好，给人一种清新自然的感觉。如图4-85所示，棉麻床品为空间提供温暖舒适的视觉效果。

4. 金属

北欧风格中常见的金属材质包括不锈钢、铁艺等。金属材质通常用于灯具、家居配件等装饰品上，为空间增添现代感和精致感。如图4-86所示，北欧风格常使用黑色或其他颜色金属作为支撑结构进行装饰。

5. 瓷器和陶器

北欧风格中常见的瓷器和陶器具有简洁的线条和自然的色彩，常用于餐具、花瓶等装饰品上，为空间增添了一份自然与纯粹的氛围。如图4-87所示，北欧空间会使用粗糙质朴的陶瓷制品作为装饰，有亲近自然的温暖感。

（二）色彩

1. 浅色调为主

北欧风格偏爱明亮清爽的色调，主要以浅色为主，在色相的选择上偏向白色、米色、浅灰色等淡色的基调。如图4-88所示，北欧风格的墙面一般以白色、浅灰色为主，这些色彩能够反射光线，使空间看起来更加明亮和通透，在视觉上给人干净明朗的感觉，无杂乱堆砌之感。

图4-86　金属装饰

图4-87　陶瓷制品装饰

图4-88　浅色调为主

2. 自然色彩

北欧风格常使用一些自然的色彩，如图4-89所示，空间中使用浅木色、白色、淡绿色等。这些色彩来源于北欧的自然环境，给人以清新、舒适的感觉。

3. 少量的鲜艳色彩

北欧风格以白色为基底，有时会搭配一些鲜艳的纯色，如黄色、红色、蓝色等。如图4-90所示，彩色点缀可以增加空间的活力和趣味性，制造出让人眼前一亮的视觉感受。

图4-89　自然色彩

图4-90　彩色点缀

（三）家具

北欧风格家具通常以简洁、功能性和自然材料为特点，经常使用浅色的木材、干净的线条和简单的形状，同时注重舒适和实用性。这种风格强调明亮的空间和温暖的氛围，常通过柔和的色调和天然织物来实现。

1. 原木家具

北欧人习惯就地取材，原木家具是北欧风格家具的灵魂，常见的有原木餐桌、椅子、书桌等。如图4-91所示，这些原木家具以自然的纹理、色泽和质感为特点，并且选用偏浅色调，给人一种干净、温馨的感觉。

图4-91　原木家具

2. 布艺家具

北欧风格的布艺家具通常设计简洁，线条流

畅，多采用天然材质，如棉、麻等。常见的布艺家具包括沙发、椅子、床等，搭配柔软的靠垫和坐垫增加舒适感。如图4-92所示，通常北欧风格家居空间中的布艺沙发较蓬松饱满，给人慵懒、放松的舒适感。

3. 储物家具

北欧风格的储物家具设计通常简约实用，多采用木质材料，如抽屉式柜、原木柜等。如图4-93所示，床尾的收纳柜既能增加储物空间，又能起到装饰作用。

图4-92 布艺沙发

图4-93 床尾收纳柜

（四）装饰

1. 植物

植物是北欧风格中常见的装饰物之一，它们给空间增添了生机和清新感。常见的植物包括绿萝、仙人掌、吊兰等易于养护的绿植，以及一些花卉如郁金香、百合等。如图4-94所示，北欧风格家居空间适宜选用绿植进行装饰。

图4-94 绿植

2. 抽象的装饰画和壁饰

北欧风格的空间中通常会悬挂一些简约、清新的画作或成组装饰画，如风景画、植物图案、抽象画等。墙上的装饰还可以包括一些挂钟、装饰架等。如图4–95所示，墙面错落悬挂的装饰画为空间营造了轻松、惬意的氛围。

图4–95　装饰画

3. 靠垫和抱枕

软质装饰品如靠垫和抱枕是北欧风格中常见的装饰物品，它们可以为沙发、床等家具增添色彩和舒适感。如图4–96所示，针织材质或柔软蓬松的靠垫和抱枕可以为居室空间增添温暖感。

4. 自然风格地毯

北欧风格的地毯通常选用柔软舒适的材质，如羊毛、棉等，颜色多为浅色或者中性色，常见图案包括几何图案、条纹图案等。如图4–97所示，羊毛材质的地毯不仅增强了空间的舒适性，彩色的融入还可以提升空间活跃的气氛。

图4–96　靠垫和抱枕

图4–97　彩色羊毛材质地毯

任务五　日式风格家居配饰

一、日式风格设计要点

日式风格又称为和式风格，该风格不尚装饰，以自然、平和的特点而闻名，追求一种休闲、随意的生活意境，营造一种不带明显标签的文化氛围。日式风格空间造型极为简洁，在设计上采用清晰的线条，而且在空间划分中摒弃曲线，具有较强的几何感。尽管日式风格强调简约，但对质感和细节的追求却非常重要。纹理丰富的木材、细致的工艺品以及精致的摆设可以为室内增添趣味和温度。此外，日式风格善于借用室外的自然景色为家居空间增添生机，呈现出与大自然深切交融的家居景象，其中室外自然景观最突出的代表为日式园林枯山水。

现代日式风格虽然已不局限于榻榻米、格子门窗等元素，但仍然秉承日式风格一贯的自然传统，崇尚根据自然环境来设计家居空间，使居住环境与外在的自然和谐相融，并善于运用天然材料的本色肌理和特殊气息，给人以平静、美好的感觉。

日式风格受中国传统文化的影响非常深远，体现在建筑、艺术、手工艺、文化传统、服饰等诸多方面，因此在家居空间的氛围和造型上，会有许多中国传统建筑或艺术的影子。日式风格简约自然的气质和北欧风格也有很多相似之处，但日式风格更注重平和安静，无论是材质还是色彩都更追求自然。

1. 简洁而精致的线条

日式风格强调简约和纯粹，通常采用直线和简洁的几何形状，避免过多的装饰和复杂的设计。如图4-98所示，无论是空间中的结构布局，还是家具的造型和样式，都以简洁的线条为主。

图4-98　简洁线条的日式结构

2. 多功能的空间

日式风格注重空间的灵活利用，常采用滑动门或可折叠的隔断，以便根据需要调整空间的大小和功能。如白天放置矮桌就成为客厅，放上茶具就成为茶室；晚上铺上寝具就成为卧室。如图4-99所示，滑动门用于分隔书房与卧室、卧室与起居室等空间。

图4-99 滑动门用于分隔空间

3. 禅意和平之感

日式风格强调内心的平静和内省，室内布置通常简洁，避免杂乱和烦琐，营造宁静、和谐的氛围。相关的设计理念有“寂静”“寂灭”“空无”“禅意”等，因此在传统外观上与极简主义有相似之处。如图4-100所示，家居空间中的造型给人一种平和、稳定的感觉，搭配柔和的光线营造静谧的禅意。

图4-100 禅意

二、日式风格设计元素

（一）材质

日式风格设计常强调与自然的联系，大多采用天然的装饰材料，木材、竹子、藤草、和纸、石材等被广泛应用。室内常布置植物，如盆栽、竹子等，以及强调对自然光线的最大利用。

1. 木材

日式风格家居空间中的主要材料通常采用天然木材制成，如榉木、樱桃木、杉木等。木材的天然纹理和质感能为空间增添温暖和自然的氛围。如图4-101所示，日式风格选择的木材多偏向淡雅的色调，更注重对木材质感和纹理的表现，榉木是日式风格中较常见的木材之一，它的质地坚硬、纹理细密、色泽较深，适用于制作耐用的家具和地板。

图4-101 日式风格榉木家具

2. 和纸

和纸通常由植物纤维，如木材、竹子、草等，经过特殊的工艺加工而成，其质地柔软，透光性良好。和纸的运用可以增加空间的温馨和雅致感，营造富有日本传统文化氛围的居家环境，如图4-102所示。和纸温柔的质感和丰富的纹理使其成为装饰墙面、制作灯具等的理想材料，为室内空间增添了独特的韵味和美感。

图4-102 和纸隔断

3. 草编

草编是一种常见的日式风格装饰材料，常用于制作坐垫、席子、筐篮等。草编材料天然、环保，具有独特的质感和美丽的外观，如图4-103所示为日式风格的坐席。

图4-103 日式风格的坐席

（二）色彩

1. 白色+原木色

日式风格的家居空间中，干净白色和温暖木色的搭配居多。日式风格具有清新简洁的特点，木质家具和地板在日式风格中非常常见，因此木质色调如深浅不一的木色、樱花木色等是常用的色彩搭配之一。在日式风格的空间中，多以浅色为主要的背景色，如白色、米色、茶色等。如图4-104所示的日式空间中，背景色为白色，家具主体为原木色，这样在视觉上不仅有放大空间的效果，更给人干净整洁的感觉。在家具的局部可以用少量的深色调来增加对比度，以增强家居配饰之间的层次感。

图4-104 白色+原木色空间

2. 白色+木色+低饱和度色

在日式风格空间中也会有彩色的融入，常使用比较柔和的饱和度较低的自然色调。豆绿色有清新自然的放松感，藏蓝色有冷静理智的感觉。

如图4-105所示，灰蓝色的床品与具有温暖感的木材色调相互搭配，营造富有层次和质感的空间，带来平静和舒适的感觉。

图4-105 白色+木色+低饱和度色空间

（三）家具

日式风格家具通常简洁且功能实用，如榻榻米、座椅、矮桌等。这些家具通常采用木质材料，注重与室内环境的协调。同时，这些家具的高度普遍偏低。坐在低矮的家具上，人们更容易保持头部与他人的眼睛处于同一高度，体现了一种平等和亲近的关系。

1. 榻榻米或地台

在日式风格的空间里，榻榻米或低矮地台的设计是比较常见的，这样的坐卧形式能够增强人与地的联系。如图4-106所示为日式风格里常见的矮床，在这种席地而坐的生活方式里，人们更能够感受到地面的稳固和自然，从而增强身心的放松和舒适感。

图4-106 日式矮床

2. 布艺沙发

日式风格的布艺沙发通常采用低矮的设计，与日本传统家具的风格相呼应。沙发的外形简洁，线条流畅，没有过多的装饰，突出了简约与实用的设计理念。如图4-107所示，沙发常采用天然材质，如棉布、麻布等，以及原木或竹质的扶手和脚架。这些材料不仅贴近自然，还能够提供舒适的坐感，让人感受到自然的温暖和舒适。布艺沙发通常选择中性的色调，如米色、灰色、米白色等，与日式风格的整体色彩搭配相协调。此外，布艺沙发通常搭配柔和的灯光，营造舒适、温暖的氛围。

图4-107 日式布艺沙发

（四）装饰

1. 格子门

日式风格格子门的特点之一就是具有格子状的设计，这些格子通常由木条或竹条组成，呈现出简洁、美观的线条。如图4-108所示，格子门通常采用木质结构与纸格子，大多数的格子门采用推拉式设计，而不是常见的旋转式。这种设计使得门的开启方式更加方便，并且不占用室内和室外的空间，适合空间有限的环境。

图4-108 格子门

2. 枯山水

枯山水是日式风格中一种独特的庭院设计风格，也被称为禅庭或禅园，它在室内设计中有其独特的应用方式。枯山水通过简单的石头、沙子和苔藓等自然元素来模拟山水景观，这些元素在室内通常用于装饰小型庭院、玄关或者作为独立的装饰景观，以传达宁静、简洁和冥想的氛围。

在日式风格的室内设计中，通常会在客厅或书房的一角设置一个小型枯山水景观，如图4-109所示。利用木质托盘或浅盆，填充白沙，并布置几块石头和少量苔藓，简单却不失优雅。

图4-109 枯山水

在小场景中，会选择带有枯山水元素的家具和摆件，如简约的茶几、具有禅意图案的靠垫或桌布。用枯山水主题的摆件，如石头雕塑、沙盘等作为空间的点缀，增加自然和宁静的氛围。

3. 蒲团

日式风格家居配饰中的蒲团是传统日本家居装饰的重要元素之一。制作蒲团的材料多为棉、麻等天然纤维，手感柔软舒适。颜色和图案多以素雅、自然为主，常见的有纯色、简单的几何图案或传统的和风图案。蒲团具有多种功能，可以作为坐垫、靠垫、脚垫等，灵活运用于不同场景中，如图4-110所示。

蒲团是日本传统文化的一部分，不仅具备实用功能，还体现了日式风格简约、自然、和谐的生活态度。蒲团通过其简约自然的设计，为空间增添了一份宁静、舒适的氛围，它既是传统文化的传承，也是现代家居生活中的实用元素。

图4-110 蒲团

技能训练

新中式风格家居配饰设计方案构思

训练目标

一、掌握新中式风格的设计理念

理解新中式风格的核心元素，如传统中式风格的融合与现代简约风格的结合，掌握如何在家居配饰中体现这一风格。

二、提升设计方案基本制作能力

能够根据新中式风格的特点，设计出符合要求的家居配饰方案，包括家具、装饰品、软装等方面。

三、培养审美能力和细节把控能力

通过实际的设计练习，培养对新中式风格的审美能力，并能够在设计中细致地考虑材料、色彩、纹理等细节。

训练要求

一、调研与分析

1. 背景调研

查阅相关资料，了解新中式风格的历史背景、主要特征以及与传统中式风格的区别。

2. 风格元素分析

分析新中式风格的关键元素，如木质家具、布局造型、山水画、刺绣工艺、竹编艺术等，明确其在现代家居中的应用。

二、设计方案制作

1. 空间规划

选择一个居住空间（如客厅、餐厅或卧室），根据新中式风格的特点进行空间规划。考虑空间功能、布局、动线等方面，制定合理的空间分配方案。

2. 配饰选择

挑选符合新中式风格的家居配饰，包括家具（如中式床、书桌、沙发）、装饰品（如青铜器、陶瓷花瓶）、布艺装饰（如布艺窗帘、地毯）等。需说明每种配饰与新中式风格的关联及选用理由。

3. 色彩搭配

设计配饰方案时，选择适合的新中式色彩组合，如深木色、米白色、青绿色等，并解释色彩选择的原因及其对空间氛围的影响。

4. 材料与纹理确定

确定配饰所用材料（如实木、丝绸、陶瓷等），并描述如何利用不同材料和纹理来体现新中式风格的独特质感。

三、效果展示

1. 素材库建立

根据自己的审美与喜好，搜集新中式风格家居空间设计方案的全案设计资料，建立自己的灵感素材库。

2. 设计图纸制作

制作空间布局图以及客厅和卧室空间的家居配饰搭配图，并注明每个配饰的色彩、材质和尺寸。

3. 说明文档撰写

撰写设计说明，包括设计理念、配饰选择理由、色彩和材料运用等详细信息。

四、自我评估与反馈

1. 自我评估

对设计方案进行自我评估，判断其是否符合新中式风格的要求，并找出可能的改进点。

2. 同伴评价

与同学或同行分享设计方案，收集反馈意见，并根据建议进行必要的修改和完善。

通过此技能训练，理解新中式风格，并在实际设计中运用这些知识提升家居配饰设计的能力。同时应举一反三，掌握其他风格家居配饰设计方案的制作方法。

项目五

家居配饰陈设设计

学习目标

知识目标

1. 了解家居配饰陈设的定义、功能以及主要的配饰类别。
2. 熟悉家居配饰的陈设原则。
3. 掌握不同空间家居配饰的陈设要点和注意事项。

技能目标

1. 能够根据不同空间的功能和风格需求，选择和搭配合适的家居配饰。
2. 能够制定综合性的家居配饰陈设设计方案。

素质目标

1. 通过学习家居配饰陈设设计，体现以人为本的设计原则。
2. 通过家居配饰陈设设计实践，培养创新精神。

任务一　家具陈设

一、家具在空间中的陈设原则

（一）家具陈设的功能性

家具陈设应符合家居空间的功能需求，通过合理布置家具，确保每一件家具都能发挥其应有的功能，提高空间的实用性和舒适度。首先确定空间的主要功能，如客厅、卧室、餐厅等，然后根据每个区域的功能需求选择适当的家具布置。每件家具应满足所在区域空间的功能需求，例如客厅的沙发、茶几、电视柜等，卧室的床、衣柜、梳妆台等，餐厅的餐桌、椅子、储物柜等。

（二）家具陈设的色彩搭配

在室内空间设计中，除了顶面、墙面、地面，家具是占据最大面积的元素，其色彩搭配直接影响整体空间的氛围和视觉效果。通常墙面等背景色更容易调整，拥有更大的选择空间，因此可以先确定家具的色彩，再根据配色规律选择墙面、地面的色彩，最后完成窗帘、摆件、装饰画等的色彩选择。选择家居空间中的家具，需要兼顾不同家具之间以及家具与空间整体之间的色彩关系和搭配方式，正确的色彩搭配能够营造舒适、和谐、统一的空间氛围，增强空间的美感和视觉效果。

1. 整体色调统一

在家具陈设中，应保持整体色调的统一，即家具的颜色应与空间的整体色调相协调。可以选择相近色调或者相近色温的家具，使整个空间呈现出统一、和谐的色彩氛围。主要家具如沙发、床等通常会占据更大的空间，因此它们的色彩搭配尤为重要，应使主要家具与配套家具的色彩相互呼应，形成色彩上的统一感。如图5-1所示，客厅空间

图5-1　整体色调统一

主要背景色调为偏暖的米色调，家具选择了与整体相协调的黄棕色，保持了整体空间视觉的统一性。

图5-2 色彩对比与平衡

2. 色彩对比与平衡

在色彩搭配中可以适当利用对比色彩，以增加空间的层次感和活力。但是要注意控制对比色的使用量，避免过多的对比色造成视觉冲突。同时，要保持色彩的平衡，避免出现局部过于突出或不协调的情况。如图5-2所示的客厅空间，三人位沙发使用藏蓝色，单人沙发则选择与其对比的红色，两者既在视觉上实现了对比冲突的效果，又在整体空间中起到了均衡的效果。

图5-3 功能性考量

3. 功能性考量

色彩搭配可以根据空间功能进行选择，不同功能的空间适合不同的色彩搭配。客厅宜选用暖色系或中性色，以营造温馨氛围；卧室宜选用柔和的浅色系，以增加舒适感；书房可选用冷色系，以增强专注力。高频使用的家具颜色应耐脏、耐用，避免选择容易显脏的浅色。如图5-3所示，卧室空间应尽量选择柔和的中性色，以营造放松、平静的氛围。

（三）家具布置的比例尺度

在选择和摆放家具时，首先要考虑空间的尺寸，包括长度、宽度和高度等。根据空间的大小合理选择家具的尺寸，正确的比例尺度能够使空间看起来更加和谐、舒适，避免因家具尺寸与空间不匹配而造成视觉上的不协调感。例如在小空间布置大体量感的家具，会使空间感觉拥挤和压抑，小空间中的家具体量应小巧，如图5-4所示；而在大空间中布置小体量的家具，会显得空间空旷且小气，空间面积充裕可以摆放体量大的家具，如图5-5所示。

图5-4　小空间家具布局

图5-5　大空间家具布局

家具之间的比例关系同样重要。相邻家具的大小应保持一定的比例关系，避免出现大小不协调的情况。例如，沙发的尺寸应与茶几、电视柜等相邻家具的尺寸相协调。同时，在同一空间中要注意区分主次家具，主要家具如沙发、床等通常会占据更大的空间，因此需要合理规划其比例尺度，确保其大小与空间的比例和谐统一。家具的尺寸也应考虑到人体的比例，以保证人在使用家具时感到舒适。例如，座椅的高度应与人体的身高相匹配，桌子的高度应使人在使用时手臂保持舒适的角度。

通过合理的家具摆放和比例尺度的控制，可以营造空间的视觉延伸效果，使空间看起来更加开阔和宽敞。例如，选择具有透明感的家具或者采用镜面反射的方式，可以增加空间的视觉深度和立体感，如图5-6所示。

图5-6　镜面柜体增加空间视觉深度

（四）家具布置的空间流线

家具布置要保持通畅性，考虑室内的人流动线，确保人在空间中的行走路径畅通无阻；同时，保证出入活动方便快捷，不能交叉和曲折迂回，避免家具之间的阻挡和碰撞以及使用的不便。

在家居空间中，主要流线通常是从房间的入口到主要的活动区域，如图5-7所示，空间的主通道为客厅的入口到沙发区或者餐厅的入口到餐桌区。家具的布置应该既符合美学原则，又能满足日常生活的实际需求，使空间既具有视觉效果，又具有实用性。

图5-7　空间主通道

1. 避免交叉路线

家具布置应尽量避免形成交叉的行走路线，以及家具之间的阻挡和碰撞。例如，客厅中的沙发和茶几之间应留出足够的行走空间，避免影响人的行走。

2. 划分区域流线

在空间中，主要的流线应该得到特别强调和注意。例如，从入口到主要活动区域的流线通常应该是直接和畅通的，以便人们能够快速、方便地到达目的地。根据空间的功能划分不同的区域流线，如休息区、用餐区、工作区等。如图5-8所示，每个区域的流线应相互独立，但又能够自然连接，形成整体的空间流线。

3. 注重视觉引导

家具的布置和摆放可以通过其方向和位置来引导人们的视线和行走方向，使空间显得更加流畅和舒适。如图5-9所示，餐桌与岛台的摆放方向和位置确定了空间的行走动线。

图5-8 流畅的空间流线

图5-9 家具摆放引导行走动线

4. 考虑家具布置的灵活性

家具的布置应该考虑到空间的灵活性和多功能性，应可以根据不同的需求和场合进行调整和变化，以适应不同的活动和使用方式。如图5-10所示，空间中的家具可以根据功能需求进行随意调整，以满足不同使用场景的需求。

图5-10 家具根据功能需求调整

二、不同空间中的家具摆放

（一）客厅空间家具摆放形式

客厅作为家庭活动较为频繁的场所，集休闲、娱乐、会客功能于一体，是整个家居空间的活动中心和视觉中心。客厅中的家具既要满足日常使用的功能性，也要表现空间整体设计风格，同时还要体现居住者的个性。其摆放形式至关重要，直接影响该空间的舒适度、实用性和美观度。

1. L形布局

L形布局是常见的客厅布局之一，适合中小型客厅。沙发呈L形摆放，一侧紧贴墙壁，另一侧可以面向电视或壁炉。茶几放在沙发的中间位置，配以两侧的边几或装饰柜，形成一个舒适的会客区。如图5-11所示，L形的沙发与圆形茶几围合成一个小型的会客空间。

2. U形布局

U形布局适合宽敞的客厅，通常用于家庭聚会或娱乐空间。如图5-12所示，三面沙发组成U形，中间放置咖啡桌或茶几，营造一个互相交流的舒适氛围。电视和音响设备可以放在其中一侧。

图5-11　L形布局

图5-12　U形布局

3. 对称布局

对称布局给人一种整齐、平衡的感觉，适用于正式客厅或古典风格的空间。如图5-13所示，沙发和椅子分别对称放置在空间的两侧，中间放置茶几和装饰物品，整体呈现平衡和谐的视觉效果。

图5-13　对称布局

4. 非对称布局

非对称布局打破了传统的对称形式，更具现代感和个性。家具摆放虽然不规则，但仍要保持整体的平衡和协调，可以通过颜色、形状和材质的搭配来达到视觉上的平衡。如图5-14所示，会客空间的沙发在摆放方式和造型上呈不规则的形式，但深棕色沙发与背景的实木颜色相协调，浅灰色沙发与灰白色背景也保持一致的色调。

图5-14 非对称布局

5. 开放式布局

开放式布局适用于客厅与餐厅或厨房相连的开放式空间。家具摆放较为灵活，可以根据实际需求和空间大小进行布置，强调空间的流畅性和连续性。如图5-15所示，在现代风格的家居空间中，开放式布局能营造更加自由、开敞的视觉效果。

6. 功能分区布局

功能分区布局是指根据客厅的功能需求，将空间划分为不同的功能区域，如休息区、娱乐区、阅读区等。每个功能区域布置相应的家具，形成一个完整的空间布局。如图5-16所示，空间根据不同功能进行布局，以满足阅读功能、睡眠功能和休闲功能。

图5-15 开放式布局

图5-16 功能分区布局

（二）餐厅空间家具摆放形式

餐厅是就餐场所，该空间中家具的摆放形式直接影响用餐的舒适度和整体空间的美感。餐厅中的家具除必需的餐桌和餐椅外，还应该备有用于储物的柜体。由于餐厅面积相对较小，因此家具的材质及款式的选择尽量与整体空间保持一致，切忌东拼西凑。

1. 矩形布局

矩形布局是较常见的餐厅布局之一，通常适合狭长的餐厅空间。一种是将餐桌沿房间的一侧或者墙边摆放，椅子则分别摆放在餐桌的两侧。这种布局形式节省空间且通常较为简洁；另一种则是将餐桌置于房间的中央，椅子围绕在周围，如图5-17所示，将餐椅放置在餐桌两侧，这种布局简单实用，有更高的利用率，但需要更大的空间。

2. 圆形布局

圆形布局能够提供更加轻松和温馨的用餐氛围，椅子围绕在圆桌周围，每个人都能够轻松交流，这种布局适合家庭聚餐或小型聚会。如图5-18所示，圆形布局形式更有围合感，可以增强使用者间的交流和亲密感。

图5-17　矩形布局

图5-18　圆形布局

3. 开放式布局

在与厨房或客厅相连的开放式空间中，可以采用开放式布局。餐桌置于空间的中央或者厨房与客厅的过渡区域，与其他区域形成自然的连续性。如图5-19所示，开放式布局可以增强空间之间的互动与连接。

图5-19　开放式布局

4. 吧台布局

吧台布局是一种现代时尚的餐厅布局形式，适合快餐或小型聚会。吧台既可以用作就餐区域，也可以作为休闲聊天的地方，通常与厨房相连。如图5-20所示，吧台不仅可以用于就餐，也可以增加厨房台面的使用率，比较适合在厨房面积自由的小户型使用。

图5-20　吧台布局

（三）卧室空间家具摆放形式

卧室是私人休闲空间，是家居空间中私密性最强的区域。该空间中的家具摆放形式应以提供舒适和放松的环境为主，除了满足睡眠的需求，还应具备一定的储物功能。另外需要注意的是，卧室中的家具种类及配色不宜过于繁杂，以免眼花缭乱，影响睡眠质量。

1. 床

床通常是卧室中最大的家具，其摆放位置应该是整个布局的核心。一般情况下，床头放置在靠近房间门的一侧，这样能够提高安全感，并且便于起床和离开房间。另外，床的摆放位置还应避免阳光直射和靠近通风口。

床头靠墙是较常见的摆放形式之一，床头靠近墙壁，床的一侧或两侧可以放置床头柜或其他家具。如图5-21所示，这种摆放形式可以最大化地利用空间，适合小型卧室或者需要充分利用空间的情况。

床也可以与衣柜或梳妆台合并摆放，在空间较小的卧室中，可以考虑将床与收纳或工作区合并设计。例如，选择带有内置衣柜的床架，将床头部分设计成衣柜，节省空间的同时满足储存需求。如图5-22所示，将床设置为可折叠收纳的形式，不会影响空间的日常使用，又丰富了卧室的使用场景。

图5-21　床的常规摆放

图5-22　床的多功能摆放

2. 床头柜

床头柜是卧室中常见的配件之一，用于放置灯具、手机、书籍等物品。通常床头柜应放置在床的两侧，以便床上的人可以方便地取用物品。床头柜的材质与色彩的选择应尽量与床体保持一致，以营造安静和谐的居室氛围。如图5-23所示，床头柜与床头背板和床架质感保持统一，可以营造更加柔和的气氛。

图5-23　床头柜与床体保持一致性

3. 衣柜

衣柜通常放置在床的对面或墙的一侧，以便储存衣物和其他物品。如果空间允许，可以选择内嵌式衣柜或壁挂式衣柜，以节省空间并提高整体美观度。在卧室中设置储物空间非常重要，可以选择立式衣柜、床下收纳箱、斗柜、壁挂式储物空间等方式，充分利用空间，避免杂物堆积。

由于卧室空间较小，衣柜在满足尽可能多的收纳空间的同时，也要注意尽量靠边放置，以免影响采光。如图5-24所示，较小的卧室空间可以选择更加简洁的门板造型，同时尽量保证衣柜的隐形化处理。

图5-24　隐形化衣柜

4. 休闲区域

如果卧室空间足够大，可以考虑设置一个小型休闲区域。该区域可以放置一张舒适的扶手椅或沙发，配有一张小茶几，提供一个放松和阅读的空间。如图5-25所示，当卧室床尾处有足够的空间时，可以摆放休闲椅来增加卧室空间的功能。

图5-25　摆放休闲椅增加卧室功能

（四）书房空间家具摆放形式

书房是用于工作、学习和阅读的私人空间，其家具摆放要求简洁、明净，应以提高工作效率、增强学习氛围和提升舒适度为主要考量。摆放位置要充分利用自然光源，当使用者坐在书桌前时，自然光源是从左侧或正前方来，尽量避免右侧光源或逆向光源。

1. T形布局

T形布局的书房通常将书柜布满整个墙面，书柜中部延伸出书桌，书桌与另一面墙之间保持一定的距离，作为空间的通道，如图5-26所示。这种布局形式适合藏书较多、狭长的书房。

图5-26 T形布局

2. L形布局

L形布局的书房是指书桌与书柜靠墙摆放，连贯构成L形，书桌放在靠窗的位置，如图5-27所示。这种布局方便取物和阅读，同时中间预留空间较大，人在其中行动更加方便。

3. 并列式布局

并列式布局的书房是将墙面铺满书柜，作为书桌的背景放置。书桌位于空间中央位置，活动范围较大，采光性强，取书需要转身时可使用转椅，如图5-28所示。这种布局形式更适合空间较大的书房。

图5-27 L形布局

图5-28 并列式布局

任务二 布艺织物搭配

一、布艺的装饰功能

1. 柔化居室线条

在家居配饰的设计中，布艺装饰物如地毯、沙发套、抱枕等能够为家居空间增添柔软和舒适的触感，为家人提供舒适的休息和放松空间，使居住体验更加愉悦。如图5-29所示，窗帘柔软的质感为空间提供了舒适温馨的氛围。

2. 表现居室风格

布艺本身的质感和材质能够体现不同的居室风格，从现代到古典，从简约到奢华，布艺都能轻松表现。如图5-30所示，丝绒和缎面的材质能够表现高贵雍容的效果；而棉麻和羊毛等材质更能体现自然放松的气氛。

图5-29 柔化居室线条

图5-30 表现居室风格

二、布艺在空间中的陈设原则

1. 与整体风格形成呼应

布艺选择首先要与室内空间风格相统一，根据整体风格选择布艺的材质和纹理。例如，现代风格可以选择简洁清晰的线条和纯色的布艺；豪华的居室空间可以选择色彩浓重、花纹繁复的布艺；而新古典主义风格则可以选择华丽的绣花布艺等，如图5-31所示，深红色复古花纹地毯与新古典主义风格的空间形成呼应。

图5-31 布艺与整体风格形成呼应

2. 与空间使用功能相统一

布艺选择与空间使用功能相统一是确保家居空间既美观又实用的关键之一。例如在客厅空间可选择在观感上比较华丽、高级的布料，如图5-32所示，真皮材质沙发与丝绒材质窗帘营造高级质感；在卧室等休息空间则更应选择柔和舒适的布料，如图5-33所示，纯棉布艺的床品营造舒适自然的感觉。

图5-32 营造高级质感

图5-33 营造舒适氛围

3. 不同布艺之间和谐搭配

家居空间中不同布艺之间和谐搭配，是创造舒适和美观居住环境的一个重要因素。在搭配不同布艺时，注意保持比例与平衡感。避免过多相同类型或颜色的布艺集中在一个区域，将它们分散在整个空间中，以保持视觉的平衡与和谐感。考虑不同布艺的纹理和材质，确保它们之间的搭配相互和谐。如图5-34所示，搭配丝绸、麻织品和棉织品等不同材质的布艺，以增加空间的层次感和丰富度。

图5-34　不同布艺之间和谐搭配

三、不同空间中的布艺选择

（一）客厅布艺

客厅作为家庭活动和社交的核心区域，布艺的选择至关重要，它们不仅要美观，还要实用。

1. 窗帘

窗帘是客厅布艺的重要组成部分，选择适合窗户尺寸和整体风格的窗帘非常重要。考虑到窗帘的功能性，如遮光、保温和隐私保护，可以选择合适的材质和厚度。同时，窗帘的颜色、纹理和设计应与客厅的整体风格相协调，为空间增添舒适感和美感。如图5-35所示，窗帘起到遮光的作用，同时色彩和材质在视觉上与空间整体统一。

图5-35　窗帘与室内空间相协调

2. 地毯

地毯是客厅空间的重要装饰品，可以起到烘托氛围、增加舒适度和保护地板的作用。如图5-36所示，选择合适大小和材质的地毯，并考虑地毯的颜色、图案和纹理与整体装饰风格的协调性，以及家庭成员的活动需求，如具有易清洁、抗菌等功能。

图5-36　地毯与室内风格相协调

3. 沙发套、抱枕

沙发是客厅的重要家具，选择合适的沙发套和抱枕可以保护沙发，并为空间增添色彩和舒适感。根据客厅的整体风格和色彩搭配，选择适合的沙发套和抱枕，可以是纯色、图案或者纹理丰富的布艺，以增加空间的层次感和视觉效果。如图5-37所示，抱枕与沙发的质感相协调，在色彩上进行变化，以增加空间的层次感。

图5-37 抱枕与沙发质感相协调

（二）餐厅布艺

餐厅空间选择布艺时，需要考虑到实用性和美观性，以及布艺与整体装饰风格的协调性。

1. 餐桌椅布艺

餐桌椅布艺是餐厅空间中重要的装饰布艺，它们不仅能够保护餐桌和椅子，还可以为餐厅增添气氛和舒适感。选择适合餐桌、椅子的尺寸和形状的布艺装饰，考虑到其材质、颜色、图案与餐桌布和整体装饰风格的协调性，以营造一个舒适和美观的用餐环境。田园风格的餐厅可以选择碎花和格子餐桌布作为主要装饰，如图5-38所示；现代风格的餐厅则可以选择纯色或简单的线条餐桌布作为装饰。

2. 地毯

餐厅的地毯可以增加空间的舒适度和温暖感，选择易于清洁和维护的材质，考虑到其颜色及图案与餐桌布、餐椅套和整体装饰风格的协调性，以营造一个舒适和美观的用餐环境。如图5-39所示，餐厅的地毯应简洁并易于打理。

图5-38 碎花和格子餐桌布

图5-39 餐厅地毯

3. 窗帘

如果餐厅空间有窗户，可以考虑选择适合的窗帘及其配件来装饰窗户。选择能够调节光线和保护隐私的窗帘，考虑到其材质、颜色、图案与餐桌布和整体装饰风格的协调性，以保持整个空间的一致性和美感。如图5-40所示，一般在小餐厅中，窗帘应简洁，以免使空间因为窗帘的繁杂而显得窄小；而对于大空间的餐厅，则宜采用大方、精致的样式。

图5-40　餐厅窗帘

（三）卧室布艺

卧室是一个私密且舒适的空间，布艺的选择应注重舒适性和温馨感。

1. 床品

床品是卧室的主角，它们决定了卧室的基调。床品包括床单、被套、枕套等，它们直接接触皮肤，因此舒适性非常重要。选择柔软、透气的棉质或麻质床品，确保舒适和安心的睡眠质量。如图5-41所示，根据卧室整体装饰风格和个人喜好，选择合适的颜色和图案，增加卧室的美感和个性。

图5-41　卧室床品

2. 窗帘

窗帘在卧室中不仅具有遮光和保护隐私的功能，还可以为卧室增添柔和的光线和温馨的氛围。如图5-42所示，选择柔软、轻薄的窗帘材质，如棉质或丝质，可以营造更加柔美、温馨的效果；选择遮光性能更强的窗帘则可以给家人提供绝佳的睡眠环境。同时，考虑到窗帘配件如挂钩、帘绳等的选择，以增加窗帘的美观性和实用性。

图5-42 卧室窗帘

3. 地毯

卧室地毯一般放置在门口或床的一侧，在卧室地面铺设地毯或地垫可以增加卧室的舒适度和温暖感，同时也可以起到减少噪声和保护地板的作用。如图5-43所示，选择一些天然材质的卧室地毯可以提供更好的脚感，且在干燥季节不会产生静电，体现高品质的生活。选择柔软、厚实的地毯或地垫材质，如羊毛或绒布，以及适合卧室整体风格的颜色和图案，以营造一个舒适、温馨的卧室环境。

图5-43 卧室地毯

（四）书房布艺

书房空间选择布艺时，需要考虑到舒适性、实用性和美观性，以创造一个适合学习和工作的环境。

1. 窗帘

书房窗帘的颜色和款式应避免花哨，以免影响工作和学习效率。选择适合书房氛围的窗帘，如轻薄透光的窗帘，可以保证书房有足够的自然光线，如图5-44所示。同时，考虑到窗帘的颜色和材质，选择与书房整体风格相协调的窗帘，以增加空间的舒适感和美观度。

图5-44 书房窗帘

2. 地毯

在书房地面铺设地毯或地垫，可以增加空间的舒适度和温暖感，同时也可以起到减少噪声和保护地板的作用。

如图5-45所示，选择柔软、易清洁的材质和适合书房整体风格的颜色及图案，以营造一个舒适、实用的学习和工作环境。

图5-45　书房地毯

任务三　灯具照明设计

一、室内照明的种类

（一）自然光源

自然光又称天然光，来自太阳的照射，并经过环境的反射和漫反射进入人们的视野。对于日常生活来说，自然光无疑是最佳的。它是最环保的光能，其光谱连续，显色指数最高；光线均匀，照射面积极大，通常情况下不会产生对比度很大的阴影。但自然光的光照角度变化范围极大，且极不稳定。此外，自然光中紫外线比较强，但比较容易过滤。

在现代家居空间设计中，自然光是一个重要的元素，能够为室内空间带来舒适感和活力。合理运用自然光不仅能够节省能源，还能营造温馨、舒适的居住环境。

图5-46 增加自然光照射面积

1. 合理布局，充分利用自然光

(1) **窗户设计。**选择合适的窗户大小和位置，确保自然光能够充分进入室内。如图5-46所示，大窗户可以让更多的光线进入室内，而窗户的位置应考虑光照的方向和强度，以便在不同时间段获得最佳的光线效果。

(2) **室内空间布局。**将主要活动区域（如客厅、卧室等）布置在自然光线充足的地方，如图5-47所示，将客厅布局在自然光线充足的地方，使人们能够充分享受到阳光的温暖。

图5-47 客厅充分利用自然光

2. 室内装饰与自然光相融合

(1) **色彩搭配。**选择浅色调的墙面、家具和装饰品，以增强自然光的反射效果。如图5-48所示，浅色调能够使空间显得更加明亮，营造轻松愉悦的氛围。

(2) **材质选择。**使用具有透光性的材质，如玻璃、亚克力等，如图5-49所示，让自然光在室内自由穿梭。此外，木质家具和地板也能为室内空间增添一份自然的韵味。

图5-48　浅色调使空间更加明亮

图5-49　透光性材质使阳光自由穿梭

（二）人工光源

1. 环境照明

环境照明又称为一般照明或基础照明，它为整个空间提供一致、均匀的光线，通常用于为整个房间提供基本照明，或用于日常活动，如阅读、写作和休闲。环境照明通常由居中安装的灯光提供，如吸顶灯或立式灯所提供的灯光。如图5-50所示，好的环境照明可以使家居环境显得更柔和。常见的一般照明设备包括吸顶灯、吊灯、筒灯、台灯等。

图5-50　顶部内嵌式吸顶灯为空间提供柔和的光源

2. 局部照明

室内空间的局部照明通常为直接光源，其全部或90%以上直接投射到被照物体上，光束感较强，但照明范围较小。局部照明可以着重营造局部的氛围，常用于突出展示室内的特定元素，如艺术作品、装饰物或特色墙面。如图5-51所示，通过定向的光束照明，艺术品得以被强调，吸引了人们的视线，增强了空间的艺术氛围和美学价值。

3. 任务照明

任务照明是指专门为完成特定任务而设置的照明，例如阅读、烹饪、化妆、写作等任务。任务照明旨在提供足够的光线，以便在进行这些活动时视力不受影响，同时提高效率和舒适度。与基础照明和局部照明不同，任务照明需要非常明确的定位和方向，以确保能够提供适当的照度并避免眩光。例如，书桌上方的台灯或厨房操作台上方的射灯，都是焦点光源提升功能的典型应用。常见的任务照明灯具有射灯、台灯、落地灯、橱柜灯等。如图5-52所示，餐桌上方的暖黄色光源为餐厅营造温馨的气氛，增强使用者的食欲和幸福感。

图5-51 局部照明与艺术品

图5-52 餐桌上方的任务照明

二、不同空间中的灯具设计

（一）灯具的布局

灯具布局是一个细致的过程，需要考虑空间的功能、美观性以及居住者的个人需求。合理的灯具布局能够提升空间的整体舒适度和功能性，同时增加美观度。

1. 评估空间需求

(1) **功能性需求。**考虑每个房间的功能需求，例如厨房需要良好的任务照明来支持烹饪活动，如图5-53所示；卧室需要柔和的环境照明以使人放松并方便起居，如图5-54所示。

图5-53　橱柜的光源方便烹饪活动

图5-54　床头灯方便起居

(2) **氛围创造。**根据房间用途决定所需的氛围，例如客厅可能需要多种照明选项以适应娱乐和放松等多种功能。如图5-55所示，落地灯可以为空间营造不同层次和功能的照明效果。

图5-55　客厅中的落地灯方便阅读

2. 考虑灯具位置

(1) **避免眩光。**确保灯具的位置不会直接照射到电视或电脑屏幕上，防止眩光干扰。

(2) **合理布局。**考虑家具的布局和房间的交通流线，确保灯具位置既方便又安全，不会造成障碍或过多的阴影。

3. 选择适合的灯具类型

(1) **吸顶灯和吊灯。**吸顶灯和吊灯适用于提供环境照明。如图5-56所示，可以根据房间高度和装饰风格选择吊灯。

(2) **壁灯和落地灯。**如图5-57所示，落地灯可以增添氛围或作为阅读照明，可灵活调整其位置。

(3) **轨道灯和射灯。**轨道灯和射灯灵活性高，可用于局部照明。如图5-58所示，可以根据下方装饰画的位置调整轨道灯的方向和焦点。

图5-56 吊灯

图5-57 落地灯

图5-58 轨道灯

（二）灯具的造型

1. 吊灯

(1) **传统吊灯。**传统吊灯具有复杂的装饰，如水晶吊坠和精细的金属工艺，适合古典或传统风格的客厅和餐厅，如图5-59所示。

(2) **现代吊灯。**现代吊灯设计简洁、线条流畅，使用现代材质如金属和玻璃，适用于现代、极简或工业风格的空间，如图5-60所示。

图5-59 传统吊灯

图5-60 现代吊灯

2. 壁灯

(1) **装饰性壁灯。**装饰性壁灯可以作为艺术品增添墙面魅力，常见于走廊、卧室或客厅，样式多样，从复古到现代皆有。如图5-61所示为新中式风格家居空间中的装饰性壁灯，其与卧室整体风格保持一致。

(2) **功能性壁灯。**功能性壁灯如卧室的床头灯或浴室的镜前灯，更侧重于提供足够的光线。如图5-62所示，床头灯和镜前灯提供更强的功能性照明。

图5-61　装饰性壁灯

图5-62　功能性壁灯

3. 台灯

(1) **工作台灯。**工作台灯设计注重功能性。如图5-63所示，工作区的台灯常有可调节的臂和头，方便在工作或学习时使用。

(2) **装饰台灯。**装饰台灯造型独特，可以作为室内装饰的一部分。如图5-64所示的设计感造型台灯，可在客厅的边桌或卧室的床头柜上作为装饰使用。

图5-63　工作台灯

图5-64　装饰台灯

4. 落地灯

(1) **直立落地灯。**直立落地灯设计简约，适用于阅读和补充室内主照明。如图5-65所示，直立落地灯可以放在沙发旁边或书房中。

(2) **拱形落地灯。**拱形落地灯具有大胆的拱形设计，可以横跨家具，如沙发等。如图5-66所示，拱形落地灯提供集中照明，同时成为空间的视觉焦点。

5. 轨道灯和射灯

轨道灯和射灯通常用于现代家居或商业空间中，以提供灵活的照明解决方案。如图5-67所示，轨道灯和射灯可以调整角度，专门照亮艺术品或工作区域。

图5-65 直立落地灯

图5-66 拱形落地灯

图5-67 轨道灯和射灯

6. 天花板嵌入式灯具

天花板嵌入式灯具提供干净、无干扰的视觉效果，非常适合低天花板或偏好极简风格的家居环境。如图5-68所示，天花板嵌入式灯具常安装在厨房、浴室和过道等区域中用来照明。

图5-68 天花板嵌入式灯具

（三）灯具的色彩

家居空间中灯具的色彩选择对整体装饰风格和氛围的营造具有重要影响。灯具不仅是照明工具，它们的颜色和设计还可以成为空间中的视觉焦点，增加空间的层次感和艺术气息。

1. 协调整体色调

灯具的色彩应与室内的整体色调和风格相协调。选择与墙面、家具、装饰品等的色彩相配的灯具，以保持整体的和谐感。如图5-69所示，如果家居风格为温馨的乡村风格，可以选择暖色调的灯具，如黄铜色或青铜色；如图5-70所示，若空间为现代简约风格，则可选择黑色、白色或金属色的简洁灯具。

图5-69　暖色调灯具

图5-70　白色简洁灯具

2. 利用对比色

使用与主要色调形成对比的灯具色彩，可以使灯具成为空间的视觉焦点，增添空间的活力。如图5-71所示，在以浅色为主的空间中使用深色灯具，可以创造出强烈的视觉冲击效果。

图5-71　对比色灯具

3. 考虑光源颜色

灯具的色彩不仅包括灯体的颜色，还应考虑光源本身发出的光的颜色。暖白色光源适合营造温馨舒适的环境，如图5–72所示的客厅或卧室空间中选择暖白色光源；而冷白色光源则适合需要清晰视觉的工作空间，如图5–73所示的厨房或书房空间中选择冷白色光源。

图5–72 暖白色光源

图5–73 冷白色光源

4. 增加装饰性

选用具有装饰性的彩色灯具，如彩色玻璃吊灯或带有彩色图案的灯罩，可以将其作为空间的艺术装饰，增添独特的个性和艺术气息，如图5–74所示。

图5–74 装饰性灯具

（四）灯具的材质

在家居空间中，灯具的材质不仅关系到其耐用性和外观，也是整体室内设计风格的重要组成部分。选择合适的灯具材质可以增强空间的美观性和功能性。

1. 金属

(1) **特点。**金属材质耐用，易于清洁，具有现代感，能够反射光线，增强照明效果。

(2) **适用场景。**如图5-75所示，金属材质的灯具适合现代、工业、极简风格的家居环境。铁、铜、不锈钢或铝制灯具都是常见的选择。

图5-75　金属材质灯具

2. 玻璃

(1) **特点。**玻璃材质透光性好，能创造柔和的光线效果，具有装饰性和多样性。

(2) **适用场景。**玻璃材质灯具适用于任何风格的室内装饰，如图5-76所示，特别适合希望增加一点传统或古典氛围的空间，它们可以是透明的、磨砂的或彩色的。

3. 布艺

(1) **特点。**布艺材质能够创造柔和、分散的光线，增添温暖和舒适的感觉。

(2) **适用场景。**布艺材质灯具适合卧室、客厅或任何需要营造温馨氛围的空间，如图5-77所示。常见的布艺灯具包括带有布艺灯罩的台灯、吊灯和落地灯。

4. 塑料

(1) **特点。**塑料材质轻便、色彩丰富、成本较低、可塑性强、容易成型，适合各种复杂的设计。

(2) **适用场景。**塑料材质灯具适用于儿童房或现代风格的家居空间，如图5-78所示。尤其当需要大胆的颜色和创新设计时，更适合用塑料材质进行表达。

图5-76　玻璃材质灯具

图5-77　布艺材质灯具

图5-78　塑料材质灯具

5. 晶体

(1) **特点。**晶体材质奢华、闪耀，能够反射光线并创造独特的光影效果。

(2) **适用场景。**晶体材质灯具如水晶吊灯，适合更正式或传统的装饰风格，如图5-79所示的巴洛克或洛可可风格空间中选择晶体材质灯具。

图5-79 晶体材质灯具

任务四 装饰摆件陈设

软装设计中的装饰摆件是营造家居氛围、增添个性魅力的重要组成部分。通过精心选择和布置装饰摆件，可以为家居空间增添独特的个性魅力和温馨氛围，打造出舒适宜人的居家环境。

一、装饰摆件的种类

1. 相框

可以选择一些家庭照片或个人照片进行装饰，增添家庭氛围和个人情感。根据照片的主题和氛围进行搭配，选择不同的相框形式和风格，如木质相框、金属相框、多重相框等。

选择适合画作的画框，画框的颜色和形式也要与画作和空间整体风格相协调，保持统一和谐。可以根据画作风格和材质进行搭配，如木质、金属、复古或现代等。如图5-80所示，实木画框可以与复古感的空间进行搭配。

2. 装饰画

根据空间的风格和氛围选择装饰画，可以是风景、抽象图案、人物等不同主题的作品。选择画作时，注意与家居整体色调和主题相协调，保持统一性与和谐感。

除了家庭照片外，还可以选择一些个性化的艺术照片、插画或海报进行装饰。如图5-81所示的个性装饰画，展现了个人品位和兴趣。

图5-80 实木画框

图5-81 个性装饰画

3. 雕塑与艺术品

在家居空间中放置雕塑与艺术品是增添艺术氛围、丰富空间层次的一种装饰方式。根据家居整体风格和装饰主题以及空间大小和摆放位置选择合适的雕塑，确保与空间风格相协调。也可以根据个人偏好和空间氛围选择不同材质的雕塑，如石雕、金属雕塑、陶瓷雕塑等，增添装饰层次和质感。如图5-82所示，选择具有个性化和艺术品位的雕塑和艺术品，展现主人的品位和个性。了解雕塑作品的背景和含义，为空间增添文化内涵和艺术气息。

图5-82 雕塑和艺术品

4. 陶瓷制品

陶瓷制品如陶瓷器皿、陶瓷雕塑、陶瓷壁饰等，展现独特的手工艺美感；又如宋瓷、粉彩、青花瓷等不同风格的瓷器摆件，展示传统工艺和文化魅力。如图5-83所示，在家居空间中搭配精美的茶具套装，如茶壶、茶杯、茶叶罐等，可以体现出中国茶文化的独特魅力。

5. 纺织品

以编制或刺绣工艺制作的各种风格的挂毯或针织盖毯等纺织品，既可以作为墙面装饰使用，增添空间的温馨与艺术感；也可以作为装饰品摆放在沙发或床上，增添空间的舒适感，如图5-84所示。

图5-83 体现茶文化的茶具

图5-84 纺织装饰品

二、装饰摆件在空间中的陈设原则

1. 选择合适的摆件

(1) **主题一致性。**选择与整体风格和主题相符合的摆件，确保其与家居装饰风格协调一致。

(2) **多样性。**选择不同种类和形状的摆件，如花瓶、雕塑、装饰盘等，增加空间层次感和丰富度。如图5-85所示，客厅中多样的配饰使空间视觉更加丰富。

图5-85 多样的配饰

2. 摆放位置与方法

(1) **平衡与对称。**在书柜、装饰架或茶几等家具表面上摆放装饰摆件时，注意保持左右对称或整体平衡。如图5-86所示，餐桌上的摆件呈左右对称形式摆放。

(2) **高低错落。**将摆件分布在不同高度的位置上，创造错落有致的空间层次感。

3. 突出重点与焦点

(1) **主视觉点。**将装饰摆件放置在房间的主视觉点上。如图5-87所示，将装饰品放置在客厅中央位置，突出重点。

图5-86 对称摆放

图5-87 装饰摆件在主视觉点上

(2) **配合家具。**根据家具布局和空间结构，选择合适的位置放置装饰摆件，使其与家具相辅相成。

4. 色彩与材质搭配

(1) **色彩协调。**选择与空间整体色调相呼应的摆件，保持色彩的统一与和谐。

(2) **材质对比。**在选择装饰摆件时，考虑周围家具和装饰物的材质形成对比，增加视觉冲击力。如图5-88所示，沙发边的金属质感摆件为平淡的空间增添了视觉冲击力。

图5-88 装饰摆件与周围家具形成材质对比

5. 注意空间尺度

(1) **避免过多**。不要过度堆砌装饰摆件，保持简洁清爽的装饰效果，以免使空间显得拥挤杂乱。

(2) **尺度搭配**。根据空间大小和家具尺寸，选择适当大小的装饰摆件，避免其过大或过小。如图5-89所示，装饰摆件的尺寸应参考空间的尺度进行选择。

图5-89 装饰摆件尺寸与空间尺度搭配

6. 季节变换

(1) **节日装饰**。根据不同的节日和季节变化，调整摆放的装饰摆件，增加节日氛围和季节感。

(2) **定期更换**。定期更换装饰摆件的位置和样式，让家居空间焕然一新，增加新鲜感和生活趣味性，如图5-90所示，有特色的花器或不同花艺都能为空间增添别样的气氛。

7. 个性化表达

(1) **展示个性**。选择能够体现个人兴趣和品位的装饰摆件，以展示家居主人的个性和品位。

(2) **故事性摆件**。在装饰摆件的选择和摆放过程中，考虑其背后的故事和意义，让家居空间更具情感和温度。如图5-91所示，带有历史背景的摆件能够为空间营造故事性氛围。

图5-90 定期更换装饰摆件

图5-91 故事性摆件

任务五 绿植花艺搭配

在家居空间中进行绿植花艺搭配时，有几个重要的原则需要考虑，以确保设计能够达到最佳的装饰效果和使植物健康成长。遵循家居空间中绿植花艺的搭配原则，可以设计出美观、实用并且符合植物生长需求的家居配饰，为家居空间增添自然的气息和舒适的环境。

一、绿植花艺的搭配原则

（一）与家居色彩要相宜

若空间环境色调浓重，则绿植花艺的色调应浅淡些，如南方常见的万年青，叶面绿白相间，在浓重的背景下显得非常柔和；若环境色调淡雅，绿植花艺的选择性就相对广泛一些，叶色深绿或色调柔和、叶形硕大或小巧玲珑都可兼用，如图5-92所示。

图5-92 绿植花艺的选择

（二）合适的摆放位置

一般来说，居室内的绿化面积最多不得超过居室面积的10%，这样室内才有扩大感，否则会有凌乱之感。另外在选择绿植花艺造型时，也要考虑家具的造型。如长沙发后摆放一盆高而直的绿色植物，可以打破沙发的僵直感，产生一种高低变化的节奏感。在摆放时也要考虑植物的喜光习性，将喜阳植物摆放在光线充足的位置，而喜阴植物则可以放在较阴凉的地方。

1. 喜阴植物

喜阴植物（耐阴植物）适合摆放在光线较弱或散射光较多的地方，如北向房间、浴室、走廊等。

(1) **常春藤**。如图5-93所示。

①特点：常绿攀缘植物，叶子呈深绿色，有些品种带有斑纹。

②养护：喜湿润环境，适合悬挂或放置在高处。

(2) **铁线蕨**。如图5-94所示。

①特点：细小的羽状叶片，外形轻盈优雅。

②养护：需保持高湿度，适合放在浴室或厨房中。

(3) **吊兰**。如图5-95所示。

①特点：叶片细长，中央有白色条纹，容易生长。

②养护：耐阴且易于管理，适合放在悬挂篮子或高架上。

(4) **文竹**。如图5-96所示。

①特点：羽状细叶，形态优美。

②养护：喜湿润环境，适合放在室内光线较弱的地方。

(5) **绿萝**。如图5-97所示。

①特点：叶子光滑，心形叶片，适应性强。

②养护：耐阴，容易生长，适合放在室内各个角落。

图5-93 常春藤

图5-94 铁线蕨

图5-95 吊兰

图5-96 文竹

图5-97 绿萝

2. 喜阳植物

喜阳植物（耐阳植物）需要较多的阳光，适合放在阳光充足的地方，如南向房间、阳台等。

(1) **龟背竹。**如图5–98所示。

①特点：大型裂叶植物，叶片有独特的孔洞和裂纹。

②养护：喜明亮的光线，但避免阳光直射。

(2) **仙人掌。**如图5–99所示。

①特点：多肉植物，形态各异，有刺。

②养护：耐旱，喜阳光直射，适合放在阳台或窗台上。

(3) **龙舌兰。**如图5–100所示。

①特点：厚实的剑形叶片，边缘有刺。

②养护：喜光照充足，耐干旱，适合放在阳光直射的地方。

图5–98　龟背竹

图5–99　仙人掌

图5–100　龙舌兰

(4) **橡皮树。**如图5–101所示。

①特点：大型绿叶植物，叶片厚实光亮。

②养护：喜阳光充足，但也能适应较少光照的环境。

(5) **散尾葵。**如图5–102所示。

①特点：羽状复叶，叶片细长。

②养护：喜阳光充足的环境，但也能耐受半阴。

图5-101 橡皮树

图5-102 散尾葵

二、不同空间中的绿植花艺搭配

1. 客厅

(1) **大型绿植。**大型绿植如仙人掌、龟背竹等，放置在角落或一侧，增添空间层次感和自然氛围。

(2) **鲜花插花。**使用花瓶或花篮插花，摆放在茶几或装饰台上。如图5-103所示的花艺，为客厅空间带来一抹清新的色彩和芳香。

图5-103 客厅空间花艺

2. 餐厅

(1) **多肉植物。**多肉植物如肉苁蓉、多肉球等，搭配简约的花盆或花器，放置在餐桌中央或餐边柜上，增添生机与活力。

(2) **花艺插花。**选择色彩明快的鲜花，如郁金香、洋桔梗等，放置在餐桌上，为餐厅空间营造浪漫的氛围，如图5–104所示。

3. 卧室

(1) **氧吧绿植。**氧吧绿植如吊兰、文竹等，放置在床头柜或窗台上，为卧室空间增添清新的空气，如图5–105所示。

(2) **浪漫插花。**选择淡雅的花卉，如玫瑰、康乃馨等，放置在床头或梳妆台上，营造浪漫的氛围。

图5–104　餐厅空间花艺

图5–105　卧室空间绿植

4. 书房

(1) **小型盆栽。**小型盆栽如小盆景、小型龟背竹等，摆放在书桌上或书架上，增添书房的文艺气息，如图5–106所示。

(2) **清新插花。**选择清新的花卉，如满天星、百合等，放置在书桌旁边或窗台上，为书房注入生机与活力。

图5–106　书房空间绿植

5. 入口玄关

(1) **绿植搭配。**选择小型绿植或多肉植物，摆放在入口处的角落或挂在墙上的植物架上，增添生机与活力。

(2) **花艺装饰。**使用花瓶或花篮，插上多彩的鲜花或干花，放置在入口处的台阶或装饰柜上，给客人留下美好的第一印象，如图5-107所示。

图5-107 入口玄关空间花艺

6. 走廊过道

(1) **壁挂式绿植。**壁挂式绿植如墙挂式植物袋、垂吊植物等，将其挂在走廊墙壁上，利用垂直空间增添绿意，如图5-108所示。

(2) **迷你盆栽。**将小型盆栽或多肉植物等迷你盆栽放置在走廊的角落或窗台上，起到点缀装饰的作用。

图5-108 走廊过道空间绿植

技能训练

家居配饰陈设设计实践

训练目标

一、掌握家居配饰的搭配方法

能够根据家居空间的特点，合理搭配家具、布艺、灯具、装饰摆件以及绿植花艺。

二、应用设计原则

理解并应用家居配饰设计的基本原则，如风格统一、色彩协调、功能性与美观性的平衡等。

三、独立完成设计案例

通过实际案例练习，能够独立完成一个完整的家居配饰设计项目，体现所学的搭配方法和设计原则。

训练要求

一、设计要素学习

1. 家具搭配

研究如何根据空间功能和风格选择合适的家具。考虑家具的尺寸、形状、材质以及与空间的协调性。

2. 布艺应用

了解布艺在家居中的应用，包括窗帘、沙发垫、靠垫等。掌握布艺的颜色、图案和质地的选择方法。

3. 灯具选择

学习不同类型灯具的功能和风格，包括吊灯、台灯、壁灯等。理解灯具的光线效果及其对空间氛围的影响。

4. 装饰摆件陈设

了解装饰摆件的作用，如艺术品、相框、陶瓷摆件等。掌握如何选择和摆放装饰摆件以提升空间美感。

5. 绿植花艺搭配

学习绿植和花艺在家居中的运用，理解不同植物的特点和保养方法，掌握植物摆放的技巧。

二、设计原则应用

1. 风格统一

确保设计方案中的各类配饰风格协调一致，体现整体设计风格。

2. 色彩协调

合理运用色彩理论，确保家居配饰的颜色搭配和空间色彩一致，营造和谐的视觉效果。

3. 功能性与美观性的平衡

平衡配饰的实用功能与装饰效果，确保设计既满足功能需求，又具备美学价值。

三、独立完成设计案例

1. 案例选择

选择一个具体的家居空间（如客厅、卧室、餐厅等），进行详细分析，包括空间功能、现有条件和设计要求。

2. 设计方案制定

根据空间分析和设计要求，制定配饰设计方案，包括家具布局、布艺选择、灯具配置以及装饰摆件和绿植花艺的运用。

3. 效果图制作

制作配饰组合设计效果展示图，展示家居空间的整体布局和配饰搭配。可以使用手绘图纸或设计软件进行呈现。

4. 说明文档撰写

撰写详细的设计说明文档，包括设计理念、配饰选择理由、色彩搭配及其对空间氛围的影响。

四、评估与反馈

1. 自我评估

对完成的设计案例进行自我评估，判断其是否符合设计原则和预期目标，提出改进建议。

2. 同伴评价

与同学或设计专业人士分享设计方案，收集反馈意见，并根据建议进行必要的调整和完善。

通过此技能训练，深入理解家居配饰的搭配方法，掌握设计原则，并能够独立完成一个家居配饰设计项目。这将为你未来的设计实践打下坚实的基础，提高你的设计能力和专业素养。

项目六

家居配饰设计方案制作

学习目标

知识目标

1. 了解设计方案的构思过程。
2. 掌握家居配饰元素在设计方案中的应用方法。
3. 掌握家居配饰设计方案文本的主要内容。

技能目标

1. 能够根据指定风格进行完整的家居配饰设计方案制作。
2. 能够将家居配饰元素正确地应用于设计方案中。
3. 能够独立制作家居配饰设计方案文本。

素质目标

1. 培养独立思考的能力。
2. 培养精益求精的工匠精神。

任务一 现代风格家居配饰设计方案制作

一、家居配饰设计方案构思

（一）项目分析

1. 项目简介

该项目位于上海的一个靠近苏州河的老住宅小区中，从房间可以隐约看到苏州河。小区树木较多，景色优美。

2. 业主背景

业主毕业于国外知名艺术院校，男性，是一名独立艺术家、摄影师，拥有较高的审美，明确知道自己想要什么样的家。

3. 业主需求

业主是一位乐观积极的年轻人，他对设计的期望是：表现空间开放式格局的效果。业主喜欢自然光线、有质感的材质和简约的风格。他认为家是生活的场所，同时也是创作的空间，更是获得精神满足的场所。室内空间应能够满足其目前单身生活的需求，也能够在未来转变为舒适的家庭生活空间。

（二）家居配饰设计定位

1. 个性特征

该项目的设计方案以现代简约风格为基调，旨在为居住者打造一个舒适、简洁且充满艺术感的居住空间。设计过程中，深入了解居住者的生活习惯、审美要求以及空间功能性要求，确保设计方案既满足实用性又体现个性化。方案的个性特征意向图如图6–1所示。

图6-1 个性特征意向图

2. 造型特征

在家具造型设计上，选择简洁线条的家具，避免过多装饰性的细节，强调功能与美观的平衡。沙发、茶几、餐桌等家具均采用干净利落的线条设计，呈现出现代简约的风格。通过这样的设计手法，空间显得更加开阔、明亮，符合现代生活的审美和使用需求。方案的造型特征意向图如图6-2所示。

图6-2 造型特征意向图

3. 色彩特征

在色彩搭配上，打破传统黑、白、灰的保守配色，深蓝色作为跳色成为空间的视觉焦点。墙面、地面及大部分家具以中性色调为主，营造宁静的氛围。而在局部点缀上，选择深蓝色的单椅、装饰画等，给整个空间注入活力与艺术感。通过这种大胆的色彩运用，既保持了整体的简约风格，又增加了视觉层次和趣味性，使空间更加生动和富有个性。黑色和深蓝色的搭配，给蓝色的理性感加成，使其更加深沉。冷静克制的现代简约空间用蓝色进行点缀，高级感翻倍。方案的色彩特征意向图如图6-3所示。

图6-3　色彩特征意向图

4. 材质特征

在材质选择上，主要采用玻璃、实木和皮革等高品质材料，突显空间的质感和档次。玻璃材质的茶几和书架，增加空间的通透感和现代感；实木材质的地板和家具，带来自然的温暖与质朴；皮质的沙发和座椅，不仅提升舒适度，也为空间增添一份高贵和典雅。通过不同材质的巧妙结合，整个空间变得既具有现代感，又不失温馨和舒适。方案的材质特征意向图如图6-4所示。

（a）木材　（b）玻璃　（c）皮质　（d）布艺

图6-4　材质特征意向图

（三）家居配饰元素采集

图6-5所示为方案客厅空间家居配饰元素意向图，图6-6所示为方案卧室空间家居配饰元素意向图。

图6-5 客厅空间家居配饰元素意向图

图6-6 卧室空间家居配饰元素意向图

二、家居配饰元素实践应用

1. 平面分析

图6-7所示为方案原始平面图，图6-8所示为方案平面布局图。

户型优化内容如下：

(1) 开放式阳台代替封闭式阳台，释放户型空间，扩大视觉面积。

(2) 根据业主需求扩大主卧空间，增设衣帽间和梳妆台。

(3) 将玄关和用餐空间合二为一，鞋柜改用多功能矮柜代替。

(4) 拆改卫生间墙体，设计干湿分离卫生间，同时也使空间更宽敞明亮。

在功能布局上，注重动线的合理设计和空间的高效利用。客厅、餐厅、卧室和书房等区域划分明确，动线流畅，确保居住者在日常生活中的便捷性和舒适性。

图6-7 原始平面图

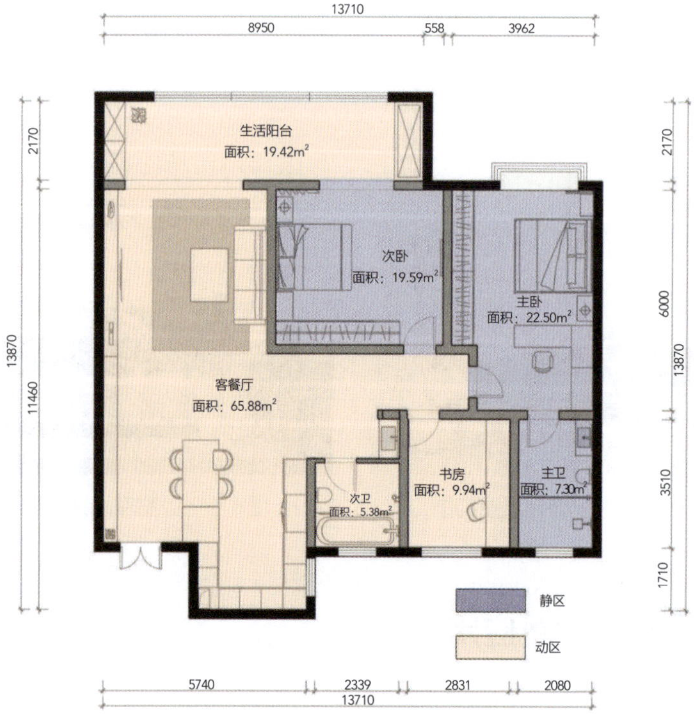

图6-8　平面布局图

2. 效果图展示

客厅空间整体和局部效果图如图6-9和图6-10所示。客厅和阳台打通做一体化设计，微妙的改造为室内带来了更多的自然光线，使空间更加宽敞，连通性更好。室内亚光地面配合大面积的白色基调，通过灯光效果也将现代简约风格表现得纯粹而大气。

现代风格室内空间全景漫游展示

图6-9　客厅空间整体效果图

主卧空间效果图如图6-11所示。主卧延续了公共空间的白色基调，并通过无主灯设计来打造。床尾做满墙一门到顶衣柜，既增加了视觉趣味又使房间显得更加宽敞。在床侧边用书桌做隔断，引入更多自然光，改善室内氛围。从实际使用角度来看，将卧室床头和卫生间的门分离，使其不对床头。该方案将卧室储物空间的合理利用和现代美学完美地结合在一起，为业主提供了一个舒适的生活体验。

图6-10　客厅空间局部效果图

图6-11　主卧空间效果图

次卧空间效果图如图6-12所示。

图6-12　次卧空间效果图

厨房空间效果图如图6-13所示。厨房空间呈L形布局，上下两排橱柜兼具收纳功能，不仅让厨房空间台面释放出更多空间，同时在视觉上也更加规整、利落。

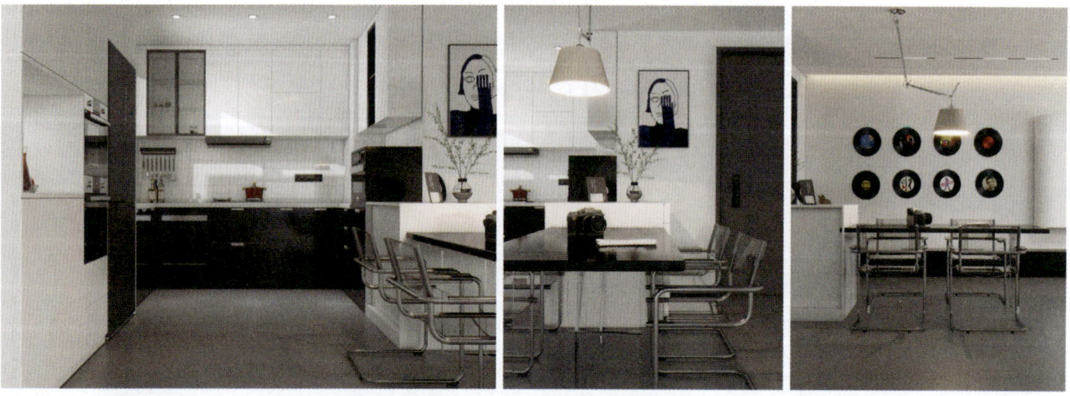

图6-13　厨房空间效果图

卫生间干区效果图和浴室空间效果图如图6-14和图6-15所示。

图6-14　卫生间干区效果图

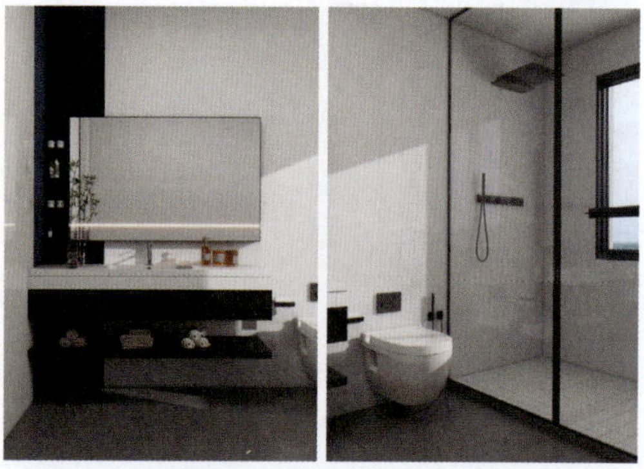

图6-15　浴室空间效果图

饰面的选择和质地、建筑的细节以及黑白平衡与柔和灰调之间的互动，让这座极简的住宅丝毫不乏温馨之感。优雅的细节和干净的过渡效果既增强了空间的简洁性，又体现了房屋丰富且克制的精致感。

三、家居配饰设计方案文本制作

图6-16所示为该现代风格家居配饰设计方案的讲解文本。

现代风格家居配饰设计方案讲解

舒适与简约并存
现代风格家居配饰方案

01.风格定位
02.材质分析
03.色彩分析
04.平面布置图
05.家居配饰方案
06.效果图展示
CONTENTS.
目录

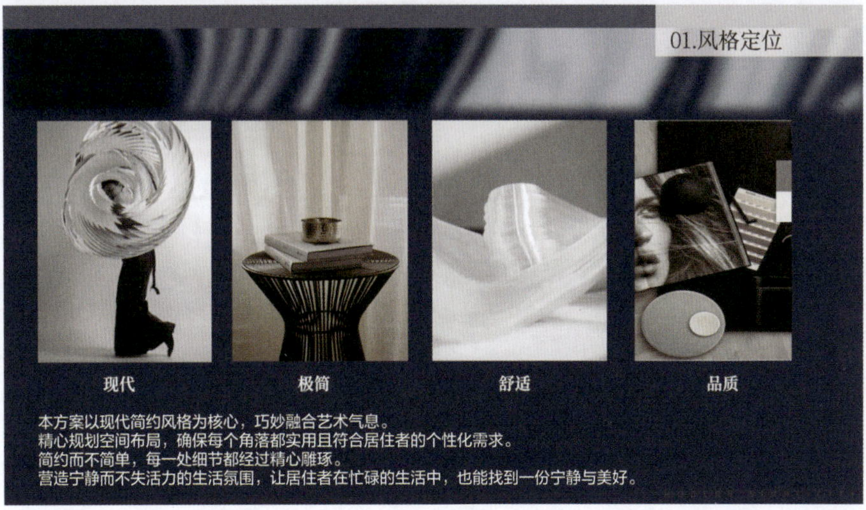
01.风格定位
现代
极简
舒适
品质
本方案以现代简约风格为核心，巧妙融合艺术气息。
精心规划空间布局，确保每个角落都实用且符合居住者的个性化需求。
简约而不简单，每一处细节都经过精心雕琢。
营造宁静而不失活力的生活氛围，让居住者在忙碌的生活中，也能找到一份宁静与美好。

02.材质分析

实木

布艺

玻璃

在材质选择上，主要采用玻璃、实木等高品质材料，突显空间的质感和档次。玻璃材质的茶几和书架，增加了空间的通透感和现代感；实木材质的地板和家具，带来了自然的温暖与质朴；通过不同材质的巧妙结合，整个空间既具有现代感，又不失温馨和舒适。

03.色彩分析

在色彩搭配上，打破了传统黑、白、灰的保守配色，深蓝色作为跳色成为空间的视觉焦点。墙面、地面及大部分家具以中性色调为主，营造出宁静的氛围。而在局部点缀上，选择深蓝色的单椅、装饰画等，给整个空间注入了活力与艺术感。通过这种大胆的色彩运用，既保持了整体的简约风格，又增加了视觉层次和趣味性，使空间更加生动和富有个性。

04.平面布置图

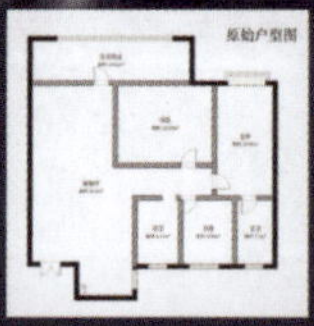

· 户型优化内容

1.开放式阳台代替封闭式，释放户型空间，扩大视觉面积。
2.根据业主需求扩大主卧空间，增设衣帽间和梳妆台。
3.将玄关和用餐空间二合一，鞋柜改用多功能矮柜代替。
4.拆改卫生间墙体，干湿分离卫生间，同时也使空间更宽敞明亮。

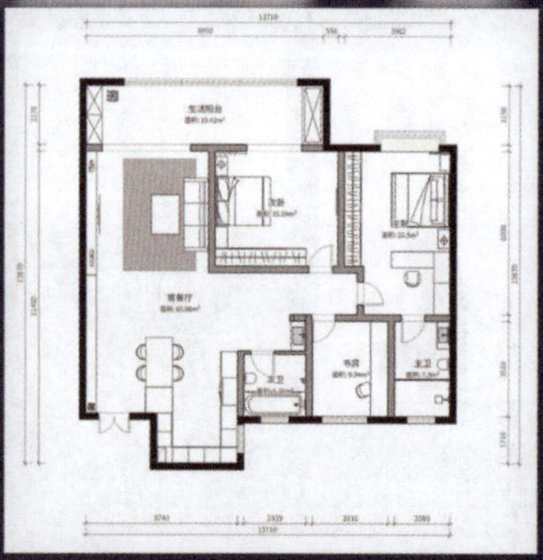

. 客厅方案
05.家居配饰方案
#molteni&c.多人沙发
#Kboos现代创意茶几

. 主卧方案
05.家居配饰方案
#现代台灯
#MONTIGNY床头柜

06.效果图展示
客厅效果图
打通客厅与阳台，实现一体化设计，不仅拓宽了视野，更让自然光洒满每个角落，营造宽敞明亮的居住空间。亚光地面与大面积白色基调相融合，简约而不失高雅，营造纯粹的现代感。灯光效果的巧妙运用更是增添了空间的层次与氛围，让简约之中透出大气之美。这一设计不仅提升了居室的舒适度，更彰显了居住者的生活品位。

06.效果图展示

餐厅效果图

餐厅设计注重实用与情调并存。色彩上，温暖色调营造温馨氛围;布局上，合理分区确保用餐流畅。巧妙融合元素，打造既实用又浪漫的用餐空间，满足日常需求的同时，提升生活品质，让每一餐都成为美好时光。

06.效果图展示

主卧效果图

主卧的设计延续了公共空间的白色基调，营造清新雅致的氛围。无主灯设计不仅增添了现代感，更在视觉上营造温馨舒适的空间感。床侧的书桌隔断巧妙地将自然光引入，为室内带来明亮与生机。同时，这样的设计也巧妙地实现了卧室床头与卫生间门的分离，避免了直对床头的尴尬，提升了居住的私密性。

储物空间合理规划，既满足了实用需求，又与现代美学完美融合。

06.效果图展示

次卧效果图

次卧设计注重柔和色调与质感材料的结合，营造宁静睡眠环境，合理规划储物空间，确保整洁有序。同时，注重私密性，打造舒适安心的休憩空间。

图6-16　现代风格家居配饰设计方案讲解文本

任务二 新中式风格家居配饰设计方案制作

一、家居配饰设计方案构思

（一）项目分析

1. 项目简介

该项目位于辽宁省的某高档住宅中，空间建筑面积156.67m^2，套内面积135.49m^2。小区位于老城区，毗邻河流，有很好的视野，周边环境较安静。

2. 业主背景

业主为一对老年夫妻，从事教育工作，现已退休。他们热爱音乐和徒步运动，男主人经常到户外运动，女主人喜欢听音乐、打太极。每周有三天会参加老年大学活动，其余时间会在家休息或外出游玩。

3. 业主需求

业主希望空间整体视觉偏中式风格，在使用上更喜欢流畅的空间动线，保证空间的收纳和视觉上的整洁，要求打造更加适老的居室环境。

（二）家居配饰设计定位

1. 个性特征

该新中式风格家居空间配饰方案以温婉、淡雅为视觉感受，旨在为居住者打造一个兼具传统文化底蕴与现代生活需求的居住空间。将东方的静谧与自然的和谐完美融入现代家居中，使整个空间在典雅中展现出独特的艺术魅力。

讲究线条的流畅性，对称的布局更能突显中式风格。整体空间上和基调上彰显出一种东方韵味。方案的个性特征意向图如图6–17所示。

2. 造型特征

整体的家具造型以简洁的直线为主。沙发、椅子、茶几等在设计上都运用自然流畅的直线，清晰而坚定，在空间中创造出一种秩序感，营造清晰和稳定的视觉体验。家具和装饰的造型简约而不失细节，线条流畅，比例协调，传递出一种内敛而高雅的气质。方案的造型特征意向图如图6-18所示。

图6-17　个性特征意向图

3. 色彩特征

新中式风格在色彩上追求自然和谐，使用木材材质的原色。同时，辅以白色、浅黄色等柔和的色彩进行搭配，营造温馨舒适的氛围。深棕色的胡桃木家具与白色墙面、浅黄色装饰相得益彰，形成既稳重又清新的视觉效果。整个空间显得温暖而不失典雅，营造一种宁静舒适的居住氛围。方案的色彩特征意向图如图6-19所示。

图6-18　造型特征意向图

图6-19　色彩特征意向图

4. 材质特征

空间中以胡桃木、丝绸、亚麻、纱等材质为主，体现新中式风格的自然质朴与高雅品质。丝绸和亚麻材质的布艺装饰，如窗帘、抱枕和床品，手感柔软，质感高级，赋予空间一种温婉的气息。而纱质的帷幔和屏风，则带来一种轻盈的飘逸感，使空间更加灵动。方案的材质特征意向图如图6-20所示。

（a）纱　（b）胡桃木　（c）丝绸　（d）亚麻

图6-20　材质特征意向图

（三）家居配饰元素采集

家具选用中国原创品牌梵几。它通过设计留住中国人独有的生活方式，将东方的哲思注入产品设计中，而非只是留住中式元素的简单拼凑。方案的家居配饰元素意向图如图6-21所示。

搭配上，注重每一个细节的精致处理。沙发和椅子的靠垫选用绣有传统花鸟图案的丝绸材质，不仅提升整体的艺术氛围，还增加舒适度。茶几和边柜上摆放着精致的陶瓷茶具和花艺装饰，既实用又美观。墙面的墨色山水画和花鸟工笔画经过精心挑选和布置，成为空间中的点睛之笔，增强整体的文化氛围。

图6-21　家居配饰元素意向图

二、家居配饰元素实践应用

1. 平面分析

图6-22所示为方案原始平面图。具有如下特点：餐厅空间较小；空间紧凑，使用功能体验较差；空间整体不开敞、不通透。

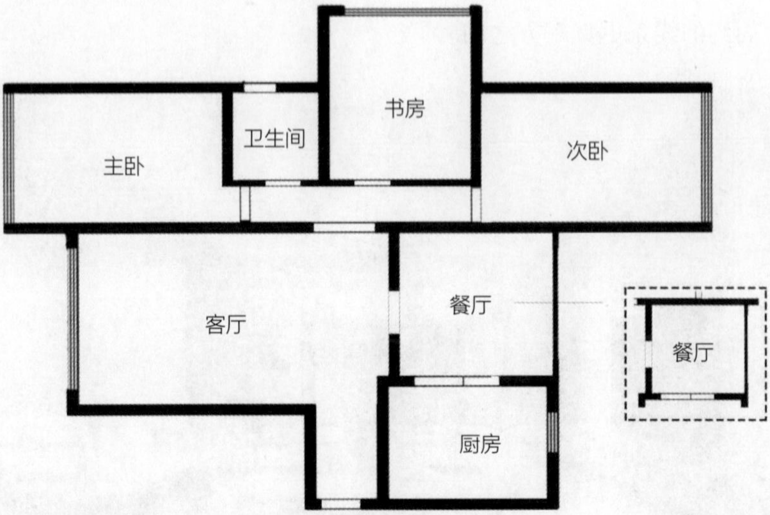

图6-22 原始平面图

图6-23所示为方案平面布局图。改造要点如下：拆除客厅与餐厅之间的墙体，将餐厅空间纳入客厅空间中；延伸整个公区的空间尺度，营造一种大气之感；最大限度地保持卧室空间的通透和舒适。

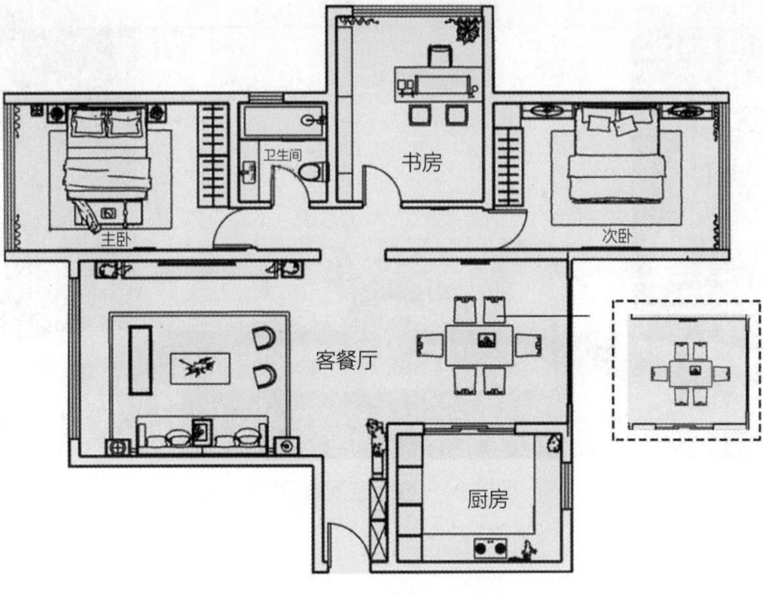

图6-23 平面布局图

2. 效果图展示

客厅空间效果图如图6-24所示。室内亚光素雅的地面加上大面积的米色基调，通过吊顶四周的灯光效果，将新中式风格质朴自然表现得纯粹而大气。

采用竹子软包作为背景墙，充分体现出含蓄、优雅的东方美学。搭配木质家具，简约的线条更具东方之韵。

新中式风格室内空间全景漫游展示

图6-24 客厅空间效果图

卧室空间效果图如图6-25所示。卧室空间通过使用格栅造型的衣柜，更具古韵质感。床头的背景使用米色调软包，增添了温馨的感觉。卧室空间在床尾处放置了一个床尾凳，它的使用使空间更加舒适。

图6-25　卧室空间效果图

书房空间和厨房空间的效果图如图6-26和图6-27所示。

图6-26　书房空间效果图

图6-27　厨房空间效果图

整体空间以中性色为主，搭配柔和的色彩点缀，营造了宁静而不失活力的空间氛围。软装和装饰品的色彩搭配，增加了空间的层次感和品质感。

三、家居配饰设计方案文本制作

新中式风格家居配饰设计方案讲解

图6-28所示为该新中式风格家居配饰设计方案的讲解文本。

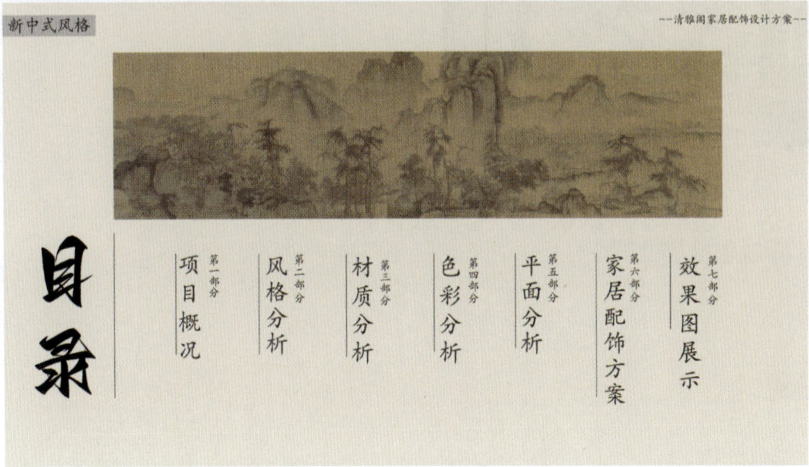

一.项目概况
--清雅阁家居配饰设计方案--
设计理念
通过不同材质的搭配构造各个空间的层次
和质感，整个空间达到恰到好处的环环相
扣，增加空间本身给予居住者的感官体验。

二.风格分析
--清雅阁家居配饰设计方案--
风格分析
Style Analysis
中式风格的高贵与雅致，
不局限于某种形式手法，
将中式风格的线条、色彩、造型
等装饰元素融入现代的设计中，
创造出符合现代生活要求的审美情调，
展示东方味浓厚的禅意风格，
堆叠出创意美学。

三.材质分析
--清雅阁家居配饰设计方案--
材质分析
纱
胡桃木
丝绸
亚麻
本方案使用以上几种材质，布艺材质的使用，如窗帘、抱枕和床品等，质感高级，
手感柔软。胡桃木的使用则体现新中式风格质朴与高雅的品质。

四.色彩分析
--清雅阁家居配饰设计方案--
色彩分析
Color Analysis
R:235
G:231
B:226
R:224
G:218
B:213
R:167
G:152
B:130
R:49
G:37
B:25
▲ 使用原木色，同时辅以白色、浅黄色等柔和的色彩进行搭配，营造一种温馨舒适的氛围。

五.平面分析
--清雅阁家居配饰设计方案--
▶原始平面图
平面布局图
1.拆掉阳台非承重墙部分，将阳台空间与客厅进行融合，扩大客厅使用面积的同时，也将阳光更好地引入室内。
2.电视墙因为阳台的融入，给予视觉延伸的同时，也让空间更加大气。
3.阳台变身成为客厅里的储物间，增加空间收纳。
▶平面布局图

六.家居配饰方案
--清雅阁家居配饰设计方案--
客厅配饰设计意向
将中式风格的线条、色彩、造型等装饰元素融入现代的设计中。

六.家居配饰方案
--清雅阁家居配饰设计方案--
卧室配饰设计意向
工笔画墙面装饰为空间增添雅致的文人气息。
实木框架搭建几何立体感，为空间增添层次。
茶桌
落地灯
床

七.效果图展示
--清雅阁家居配饰设计方案--
客厅效果图
▲ 客厅
柔和的棉麻布艺搭配暖色系的亚光地砖，使空间看起来舒适、放松。

七.效果图展示
--清雅阁家居配饰设计方案--
客厅效果图
▲ 客厅
室内素雅的地面加上大面积的米色基调，通过吊顶四周的灯光效果，将新中式的质朴自然表现得纯粹而大气。

七.效果图展示

--清雅阁家居配饰设计方案--

主卧效果图

舒适是休憩时光的本质需求。卧室色调营造了舒适的空间氛围，典雅的装饰抒发现代气质，简约利落的线条将硬朗的空间雕琢得精致而大气。

▲ 主卧

木色背景搭配米色中国画背景，营造浓厚的中式韵味。

七.效果图展示

--清雅阁家居配饰设计方案--

客卧效果图

▲ 客卧　木格栅的使用使整个空间更具东方韵味。

七.效果图展示

--清雅阁家居配饰设计方案--

局部效果展示

独立的书房由工作区和休闲区结合，书房尤其强调空间雅致，呼应客厅的配色及结构造型，突显出各个不同空间之间的强关联性。在茶几、沙发、书桌的选择上，都以简单的造型传达随意悠闲的生活情调。

▲ 书房

▲ 客厅

图6-28　新中式风格家居配饰设计方案讲解文本

任务三　新古典主义风格家居配饰设计方案制作

一、家居配饰设计方案构思

（一）项目分析

1. 项目简介

该项目位于辽宁省的某住宅小区，空间建筑面积123.31m^2，套内面积104.89m^2。小区靠近森林景区，环境安静优美。

2. 业主背景

业主为自由职业插画师，热爱艺术，喜欢安静复古的空间氛围；日常生活规律，喜欢瑜伽、游泳等运动。

3. 业主需求

在功能性上，业主希望保留两间卧室，同时有足够的收纳空间和较大的餐厨空间。在视觉上，业主希望空间中有典雅庄重的效果。由于空间位于一楼，希望尽量保证空间明亮。业主希望这是一个安静、典雅的居室环境，以在喧闹的城市中拥有一处自己悠然自得的生活场所。

（二）家居配饰设计定位

1. 个性特征

该新古典主义风格家居配饰设计方案将致力于融合古典艺术性和现代优雅，创造出一个兼具复古气息和现代感的居住环境。整体家居空间通过精致的雕刻和优美的线条，展现出古典艺术的独特魅力。

选择具有历史感的装饰元素，如复古画作、古典雕塑和华丽的镜框，以增强空间的文化底蕴。在家具和装饰品的选择上，将现代设计的简洁融入古典元素中，如使用现代工艺制作的复古风格家具。方案的个性特征意向图如图6-29所示。

图6-29　个性特征意向图

2. 造型特征

家具造型以曲线和圆弧为主要特点，沙发、椅子和桌子的设计上运用优雅的弧形和流畅的曲线，体现新古典主义风格的典雅与柔美。装饰品如灯具、镜子、花瓶等也将采用曲线和圆弧元素，营造和谐统一的视觉效果。方案的造型特征意向图如图6-30所示。

图6-30　造型特征意向图

3. 色彩特征

为营造高贵典雅的复古感，在色彩搭配上以柔和的米白中性色为主调，配以黑色、酒红色、黄铜色，增强空间的豪华感和现代感。方案的色彩特征意向图如图6-31所示。

图6-31　色彩特征意向图

4. 材质特征

在材质选择上，主要采用实木板材、大理石、黄铜金属、水晶和丝绒等高品质材料。注重细节设计，如金属镶边、雕花装饰、精致的缝线工艺等，提升空间的精致感和艺术性。这些材料不仅质感丰富，还能通过不同的组合和搭配，创造出多层次的视觉效果。

实木板材的家具和地板，带来自然质朴的氛围；大理石的台面和装饰，增加空间的高贵感和奢华感；黄铜金属的灯具和装饰，散发出典雅的光泽；水晶材质的吊灯和摆件，营造璀璨的视觉效果；丝绒材质的沙发和靠垫，则赋予空间柔软的触感和优雅的气质。方案的材质特征意向图如图6-32所示。

图6-32　材质特征意向图

（三）家居配饰元素采集

在软装搭配上，注重每一个细节的精致处理。沙发和椅子的靠垫选用高品质的丝绒材质，既提升整体的艺术氛围，又增加舒适度。茶几和边柜上摆放着精致的黄铜金属和水晶装饰品，既实用又美观。墙面的装饰画和挂件，经过精心挑选和布置，成为空间中的点睛之笔，增强整体的艺术氛围。方案的家居配饰元素意向图如图6-33所示。

图6-33　家居配饰元素意向图

二、家居配饰元素实践应用

1. 平面分析

图6-34所示为方案原始平面图，图6-35所示为方案平面布局图。在平面布局的设计中保留原始户型开放式的客厅和餐厅空间，打造一个更加开阔的公共活动空间。

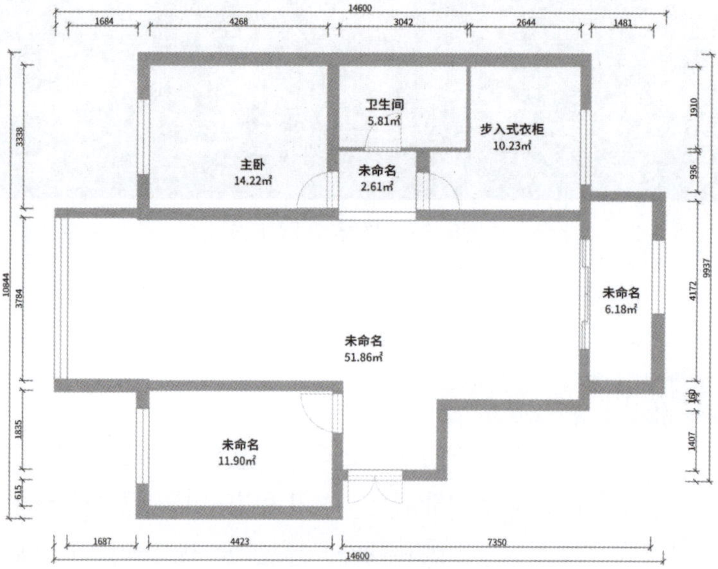

图6-34　原始平面图

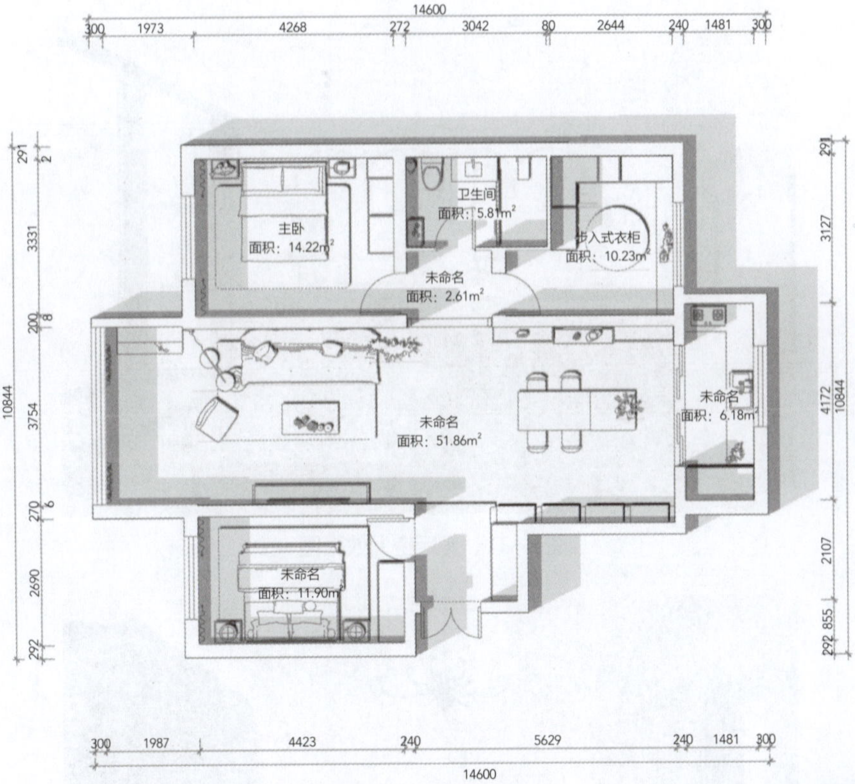

图6-35 平面布局图

新古典主义风格室内空间全景漫游展示

2. 效果图展示

图6-36至图6-40所示为该新古典主义风格家居配饰设计方案的效果图展示。

图6-36 客厅空间效果图

图6-37 餐厅空间效果图

图6-38 主卧空间效果图

图6-39 次卧空间效果图

图6-40 衣帽间空间效果图

三、家居配饰设计方案文本制作

新古典主义风格家居配饰设计方案讲解

图6-41所示为该新古典主义风格家居配饰设计方案的讲解文本。

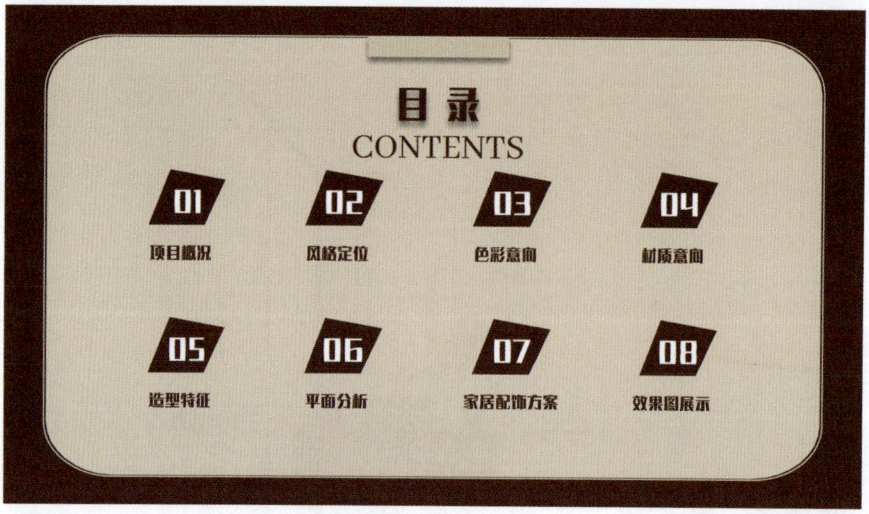

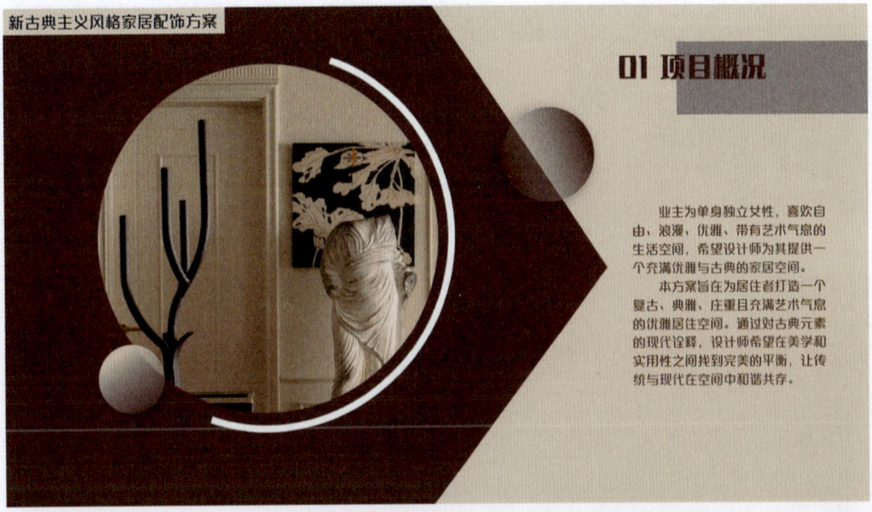
新古典主义风格家居配饰方案
01 项目概况
业主为单身独立女性，喜欢自由、浪漫、优雅、带有艺术气息的生活空间，希望设计师为其提供一个充满优雅与古典的家居空间。
本方案旨在为居住者打造一个复古、典雅、庄重且充满艺术气息的优雅居住空间。通过对古典元素的现代诠释，设计师希望在美学和实用性之间找到完美的平衡，让传统与现代在空间中和谐共存。

新古典主义风格家居配饰方案
02 风格定位
新古典主义风格以其优雅、庄重和艺术感而闻名。本方案中，设计师通过提取罗马柱、拱形门、石膏浮雕装饰等经典的新古典设计元素，赋予空间浓厚的古典气息。空间布局合理，层次分明，既有宏伟的视觉效果，又充满细腻的艺术细节。整个空间在复古中透出现代感，在庄重中散发优雅的气质。
整个空间注重表达新古典主义风格的典雅感，用造型表现古典，用色彩表达居住者的性格，将古典与现代很好地融合在一起。

新古典主义风格家居配饰方案
03 色彩意向
R:255 G:250 B:250
R:217 G:202 B:216
R:55 G:37 B:22
R:0 G:0 B:0
空间配色使用米白色、黑色、酒红色、深棕色的配色方式，白、黑、红为经典的古典配色形式，
将女性的柔美与古典的庄重融合在一起，构成经典的新古典主义风格。
空间中墙面为米白色，柜体及细线条的配饰为黑色，各个空间的主体家具为酒红色，
三种颜色使用深棕色的地板连接，整体视觉感受和谐典雅。

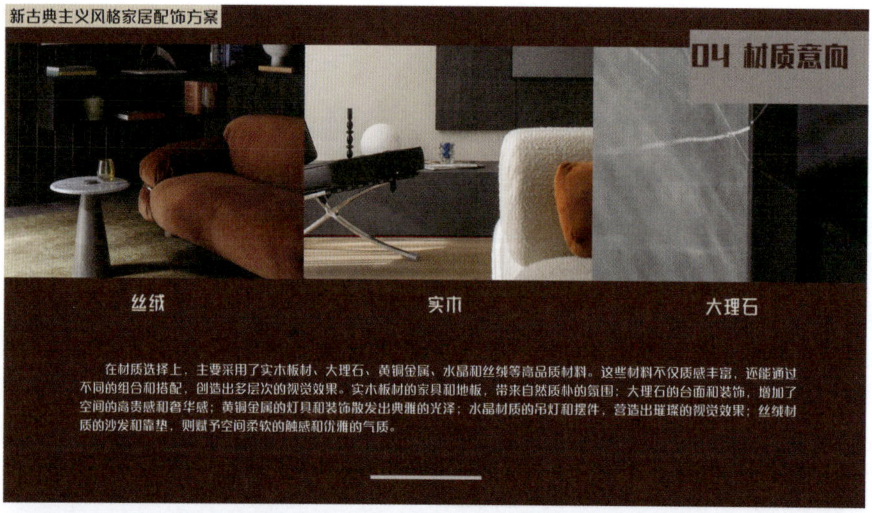
新古典主义风格家居配饰方案
04 材质意向
丝绒
实木
大理石
在材质选择上，主要采用了实木板材、大理石、黄铜金属、水晶和丝绒等高品质材料。这些材料不仅质感丰富，还能通过不同的组合和搭配，创造出多层次的视觉效果。实木板材的家具和地板，带来自然质朴的氛围；大理石的台面和装饰，增加了空间的高贵感和奢华感；黄铜金属的灯具和装饰散发出典雅的光泽；水晶材质的吊灯和摆件，营造出璀璨的视觉效果；丝绒材质的沙发和靠垫，则赋予空间柔软的触感和优雅的气质。

新古典主义风格家居配饰方案
05 造型特征
在造型设计上，设计师重点提取了古典建筑中的罗马柱、拱形门和石膏浮雕装饰等元素。这些设计元素不仅具有浓厚的古典风情，还能通过现代设计手法进行重新诠释，带来别样的视觉冲击。罗马柱用于大厅和门厅的装饰，增加了空间的庄重感。拱形门设计在客厅与餐厅之间，形成流畅的视觉过渡。石膏浮雕装饰则应用在墙面和天花板上，提升了整体的艺术氛围。

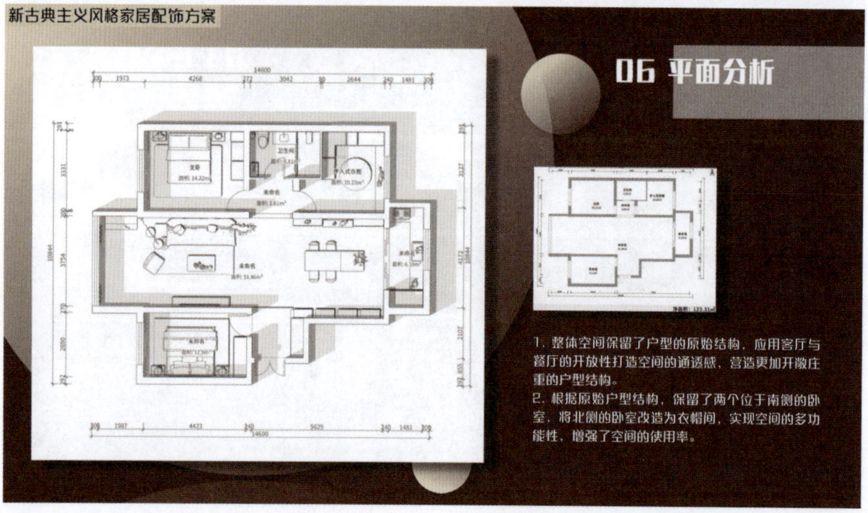
新古典主义风格家居配饰方案
06 平面分析
1. 整体空间保留了户型的原始结构，应用客厅与餐厅的开放性打造空间的通透感，营造更加开敞庄重的户型结构。
2. 根据原始户型结构，保留了两个位于南侧的卧室，将北侧的卧室改造为衣帽间，实现空间的多功能性，增强了空间的使用率。

新古典主义风格家居配饰方案
07 家居配饰方案
· 根据空间配色方案，客厅的配色以酒红色、米白色、黑色这三种颜色为主要配色。
· 酒红色多人沙发，丝绒材质，3000mmX1200mmX950mm。
· 黑色丝绒单人沙发，哈雷休闲椅，760mmX800mmX780mm。

新古典主义风格家居配饰方案
07 家居配饰方案
· 厨房中岛台，黑色大理石台面，结合收纳与就餐功能。
· CDLDSsplit餐椅，酒红色，搭配黑色营造更加优雅的古典感。
· 餐边柜采用古典造型的壁炉与现代造型的收纳柜结合的方式，将古典与现代更好地结合在一起。

新古典主义风格家居配饰方案
· 客厅
08 效果图展示
沙发作为客厅空间的视觉焦点，选择酒红色的丝绒材质，营造富贵典雅的质感，整体庄重的造型形成客厅空间的设计亮点。
黑色单人沙发作为搭配使用，为空间中增添古典感，与黑色柜体和灯具色彩呼应，使整体更加和谐。黑色线条的灯具搭配厚重造型的主体沙发，为空间增添优雅的轻盈感。

新古典主义风格家居配饰方案
· 餐厅
08 效果图展示
餐厅中心摆放岛台，材质为黑色大理石，石材的应用奠定了空间中古典美基调，与酒红色丝绒餐椅搭配，在视觉上将古典的力量感与优雅进行结合，呈现更加融合的新古典氛围。
餐边柜采用古典造型的壁炉与现代造型的收纳柜结合的方式，将古典与现代更好地结合在一起。

新古典主义风格家居配饰方案
· 主卧
08 效果图展示
主卧使用与客厅空间相同的配色方式，黑色与酒红色的搭配，为庄重的空间增添了优雅与柔美，丝绒材质的床头在微弱的光线下更显妩媚。
经典的红、白、黑配色构成庄重典雅的新古典卧室空间。

新古典主义风格家居配饰方案
· 客卧
08 效果图展示
客卧空间整体配色更注重表现黑白对比的视觉感受，米白色的墙面增强了空间的尺度感，使空间看起来更加明亮宽敞。
橄榄绿色的床品构成空间的视觉焦点，明亮的色彩和轻微反光的材质提升了空间的亮度。
卧室空间整体优雅端庄，极具新古典风格特点。

图6-41　新古典主义风格家居配饰设计方案讲解文本

参考文献

[1] 李江军. 软装设计从入门到精通：软装搭配的黄金法则和常用技巧[M]. 北京：化学工业出版社，2020.

[2] 薛野. 室内软装饰设计[M]. 北京：机械工业出版社，2016.

[3] 魏娜. 家具设计与软装搭配[M]. 大连：大连理工大学出版社，2022.

[4] 理想·宅. 设计必修课：室内软装陈设[M]. 北京：化学工业出版社，2018.

[5] 理想·宅. 设计必修课：室内风格设计[M]. 北京：化学工业出版社，2018.

[6] 徐娜. 软装搭配分析[M]. 南京：江苏凤凰美术出版社，2021.

[7] 张英杰. 室内陈设设计[M]. 北京：中国轻工业出版社，2019.

[8] 曹俊杰，姚爱莹. 家居软装设计技巧[M]. 北京：中国轻工业出版社，2019.

[9] 阎轶娟，龙杰，秦杨. 软装设计与实战[M]. 北京：中国纺织出版社，2021.

[10] 赵梦，刘雯. 软装与陈设设计[M]. 北京：中国轻工业出版社，2019.

[11] 斯坦利·阿伯克龙比，谢里尔·惠顿. 室内设计史[M]. 张建萍，祝付华，杨至德，译. 南京：江苏凤凰科学技术出版社，2022.

[12] 马丽，温彦之. 软装设计师培养手册[M]. 北京：化学工业出版社，2020.

[13] 帕瓦力，严小药. 了不起的软装[M]. 南京：江苏凤凰科学技术出版社，2024.